Freedom Wars Remastered Spielanleitung

Entdecke fortschrittliche Strategien, um das Gameplay für neue und wiederkehrende Spieler zu optimieren

Kevin O. Samson

**Copyright © 2024 by Kevin O. Samson
Alle Rechte vorbehalten.**

Kein Teil dieser Veröffentlichung darf ohne vorherige schriftliche Genehmigung des Herausgebers in irgendeiner Form oder mit irgendwelchen Mitteln, einschließlich Fotokopieren, Aufzeichnen oder anderen elektronischen oder mechanischen Methoden, vervielfältigt, verteilt oder übertragen werden, es sei denn, es handelt sich um kurze Zitate, die in kritischen Rezensionen enthalten sind, und bestimmte andere nicht-kommerzielle Nutzungen, die nach dem Urheberrecht zulässig sind. Für Berechtigungsanfragen wenden Sie sich bitte an den Herausgeber unter der unten angegebenen Adresse

Verzichtserklärung

Die Inhalte im *Freedom Wars Remastered Game Guide* dienen nur zu Informations- und Unterhaltungszwecken. Obwohl alle Anstrengungen unternommen wurden, um die Genauigkeit zu gewährleisten, basieren die Strategien, Tipps und Komplettlösungen in diesem Leitfaden auf dem Wissen und der Erfahrung des Autors mit dem Spiel zum Zeitpunkt des Schreibens. Die Entwickler des Spiels können Gameplay-Elemente aktualisieren oder modifizieren, wodurch bestimmte Abschnitte dieses Leitfadens obsolet werden könnten.

Wichtige Punkte:

1. **Nicht-Zugehörigkeit:**
   Dieser Leitfaden ist eine unabhängige Veröffentlichung und wird von den Entwicklern oder Herausgebern von Freedom Wars Remastered nicht verbunden, gesponsert, unterstützt oder genehmigt. Alle Marken, Spieltitel und Urheberrechte sind Eigentum ihrer jeweiligen Inhaber.

2. **Updates und Variationen:**
   Die Informationen in diesem Leitfaden spiegeln das

Spiel so wider, wie es zum Zeitpunkt des Schreibens war. Zukünftige Updates, Patches oder herunterladbare Inhalte (DLCs) können die hier beschriebenen Spielmechaniken, Funktionen oder Strategien ändern.

3. **Verantwortung des Benutzers:**
Die Leser werden ermutigt, diesen Leitfaden als Begleiter für ihr Spielerlebnis zu verwenden. Die Ergebnisse können jedoch je nach Spielstil, Fähigkeiten und Spielversion variieren. Der Autor und der Herausgeber sind nicht verantwortlich für Ergebnisse oder Konsequenzen, die sich aus der Verwendung dieses Leitfadens ergeben.

4. **Externe Ressourcen:**
Links und Verweise auf externe Websites, Communities oder Ressourcen werden zu Bequemlichkeits- und Informationszwecken bereitgestellt. Der Autor und der Herausgeber übernehmen keine Kontrolle oder Verantwortung für den Inhalt oder die Richtigkeit von Websites Dritter.

Inhaltsverzeichnis

EINLEITUNG 8
   Wichtige Funktionen und Verbesserungen gegenüber dem Originalspiel..12
   So verwenden Sie diesen Leitfaden: Navigieren in Abschnitten für maximalen Nutzen..14

KAPITEL 1 17
   ERSTE SCHRITTE 17
   Grundlegendes zu den Grundlagen: Steuerelemente, Schwebepalette und Menüs..17
   Überlebenstipps für Anfänger: Frühe Fehler vermeiden..21
   Fraktionen und deine Rolle: Mit Bedacht wählen..22
   Strafreduzierung: Tipps für die Effizienz..24

KAPITEL 2 27
   WAFFEN UND AUSRÜSTUNG 27
   Waffenklassen und -typen: Die Wahl der richtigen Werkzeuge für den Kampf..27
   Ausrüstungsanpassung: Rüstungen, Accessoires und Mods..32
   Zubehör..34
   Die besten Loadouts für Anfänger, Fortgeschrittene und Fortgeschrittene..36

KAPITEL 3 41
   KAMPFMECHANIKEN UND -STRATEGIEN 41
   Kampf meistern: Angriff, Verteidigung und Ausweichen..41
   Abduktoren zur Strecke bringen: Tipps und fortgeschrittene Techniken..45
   Fortgeschrittene Techniken..48
   Kommandieren Ihres Zubehörs..50
   Multiplayer-Gefechte: Koop- und PvP-Strategien..51

KAPITEL 4 54
   RESSOURCENMANAGEMENT UND LANDWIRTSCHAFT..54

    Ressourcen sammeln: Was man sammeln kann und wo man sie findet 54
    Wo finde ich Ressourcen? 56
    Effiziente Landwirtschaftsrouten: Maximieren Sie Zeit und Aufwand 57
    Empfohlene Landwirtschaftsrouten 60

KAPITEL 5 67
    STORY CAMPAIGN WALKTHROUGH: INHALTSVERZEICHNIS 67

KAPITEL 6 76
    MULTIPLAYER UND ONLINE-SPIEL 76
    Erste Schritte im Mehrspielermodus: Einrichtung und Tipps 76
    Teamsynergie: Die besten Rollen und Strategien für das Koop-Spiel 79
    Kompetitiver Multiplayer: Rangaufstieg und Siege in Matches .. 84
    Kommunikationstipps für den Online-Erfolg 87

KAPITEL 8 91
    TIPPS UND TRICKS FÜR FORTGESCHRITTENE 91
    Maximierung der Effizienz: Speedruns und Optimierungsstrategien 91
    High-Level-Builds: Anpassung für Elite-Spieler 94
    Schwächen ausnutzen: Feinde, Entführer und Bosse 98
    Fehlerbehebung bei häufigen Herausforderungen und Frustrationen 101

KAPITEL 9 105
    FREISCHALTBARE GEGENSTÄNDE UND ERFOLGE 105
    Umfassende Checkliste der freischaltbaren Gegenstände 105
    Trophäen und Erfolge verdienen: Tipps und Strategien 109
    Seltene Gegenstände und Geheimnisse: Wie man sie erhält 114

KAPITEL 10 117
    FAQS UND HÄUFIGE PROBLEME 117
    Häufig gestellte Fragen: Lösen von Spielerproblemen 117
    Leitfaden zur Problembehandlung: Konnektivität, Leistung und Fehler 121

  Tipps für Einsteiger: Fehltritte vermeiden 125
  Wiederkehrende Spieler: Anpassung an die Remastered-
  Änderungen 126

KAPITEL 11 .... **130**

  COMMUNITY UND ONLINE-RESSOURCEN 130
  Werde Teil der Freedom Wars-Community: Foren und soziale
  Kanäle 130
  Empfohlene Mods und Anpassungsoptionen (falls unterstützt) 134
  Links zu externen Ressourcen für fortgeschrittene Strategien .. 137

ANHANG **141**

  Glossar der wichtigsten Begriffe und Mechanismen 141
  Referenz zu Waffen- und Ausrüstungswerten 144
  Kurzübersichten für Landwirtschaft, Handwerk und Missionen 147

SCHLUSSFOLGERUNG **151**

Einleitung

Willkommen bei Freedom Wars: Was ist neu in der Remastered Edition?

Wenn du Freedom Wars Remastered *in die Hand nimmst,* trittst du nicht nur in ein Spiel ein, sondern tauchst in eine neu gestaltete dystopische Welt ein, die die Spieler seit ihrer ursprünglichen Veröffentlichung in ihren Bann zieht. Die überarbeitete Version ist mehr als nur ein frischer Anstrich – sie ist ein Liebesbrief an die Fans, die das Spiel zu einem Kultklassiker gemacht haben, und eine offene Tür für Neueinsteiger, die seinen einzigartigen Charme erleben möchten. Dies ist deine Chance, eine immersive, storybasierte Welt auf eine Weise zu erleben, die sich modern, nahtlos und unvergesslich anfühlt.

Egal, ob du ein Veteran der ursprünglichen *Freiheitskriege bist* oder jemand, der zum ersten Mal davon hört, diese Ausgabe hat etwas Besonderes. Stell dir die gleichen spannenden Schlachten und tiefgründigen Handlungsstränge vor, nur jetzt mit schärferen Grafiken, flüssigerem Gameplay und durchdachten Verbesserungen, die auf jahrelangem Spielerfeedback basieren.

Also, was ist wirklich neu?

Schauen wir es uns genauer an. Zuerst wurde die Grafik überarbeitet. Wenn du zum ersten Mal die vom Krieg zerrütteten Panoptiken betrittst, wirst du die reichhaltigen Texturen, die verbesserte Beleuchtung und die atemberaubende Klarheit bemerken, die die Welt zum Leben erwecken. Charaktermodelle, Umgebungen und sogar die furchterregenden Entführer wurden akribisch verfeinert. Die Grafik ist jetzt einer modernen Konsole würdig, behält aber den düsteren Charme bei, in den sich die Fans vor Jahren verliebt haben.

Auch die Leistung wurde deutlich verbessert. Keine Verzögerungen oder unangenehmen Frame-Drops mehr während intensiver Gefechte. Der Kampf fließt wie Wasser, so dass sich jeder Hieb deiner Klinge und jeder Schuss mit deinem Gewehr befriedigend anfühlt. Der Mehrspielermodus – ein Eckpfeiler von *Freedom Wars* – bietet jetzt eine bessere Konnektivität und Spielersuche, die dafür sorgt, dass du dich ganz einfach mit Freunden oder Fremden zusammenschließen kannst, ohne frustriert zu sein.

Aber es geht nicht nur um Ästhetik. Die Kernmechaniken wurden fein abgestimmt, um das Spiel zugänglicher zu machen, ohne seine Tiefe zu verlieren. Das Herstellen von Waffen fühlt sich intuitiver an, die Missionsziele sind klarer und deine KI-Gefährten – diese treuen Accessoires – sind schlauer und hilfreicher. Die überarbeitete Version nimmt dir die Last von den Schultern und lässt dich dich auf das Wesentliche konzentrieren: den Nervenkitzel des Kampfes und die Reise zur Erlösung.

Story-Überblick: Eine Welt voller Strafen, Fraktionen und Erlösung

Im Kern ist *Freedom Wars* nicht nur ein Spiel – es ist eine packende Geschichte über den Überlebenskampf der Menschheit und den verzweifelten Kampf für die Freiheit. Stell dir vor, du wachst in einer sterilen, klaustrophobischen Zelle auf, ohne Erinnerung daran, wer du bist. Bevor du deine Gedanken sammeln kannst, wirst du zu über einer Million Jahren Knechtschaft verurteilt – für das Verbrechen, am Leben zu sein. Das ist die Welt der *Freiheitskriege*.

Die Erde, wie wir sie kennen, wurde durch Jahrhunderte des Umweltzerstörungs und der Überbevölkerung verwüstet. Die Menschheit hat sich in riesige Stadtstaaten zurückgezogen, die Panoptikals genannt werden und sowohl als sichere Zufluchtsorte als auch als Gefängnisse dienen. Die Ressourcen sind knapp, das System gnadenlos. Wenn du keinen Beitrag zur Gesellschaft leistest, bist du eine Belastung. Und Verbindlichkeiten? Sie bezahlen mit ihrer Freiheit.

Du schlüpfst in die Rolle eines Sträflings, einer Person, die als unwürdig erachtet wird und mit gefährlichen Missionen betraut ist, um deine Strafe zu reduzieren. Ihr Ziel? Verdient euch eure Erlösung in einem Gefecht nach dem anderen. Der Einsatz könnte nicht höher sein. Scheitert man, bleibt man ein Sklave des Systems. Wenn du Erfolg hast, kommst du der Freiheit ein Stück näher – aber zu welchem Preis?

Im Laufe des Spiels entdeckst du Intrigen über die Welt und ihre Machtstrukturen. Warum entführen Entführer – die monströsen, biomechanischen Feinde, gegen die du kämpfst – Zivilisten? Was ist der wahre Zweck der Panoptika? Und kann Freiheit in einer Welt, die auf Kontrolle aufgebaut ist, jemals wirklich existieren? Die Geschichte fordert dich heraus, über mehr als nur das Überleben nachzudenken. Es fordert dich auf, dich mit der Bedeutung von Freiheit, Opfer und Menschlichkeit auseinanderzusetzen.

Die Fraktionen innerhalb des Spiels fügen eine weitere Komplexitätsebene hinzu. Jedes Panoptikum hat seine eigene Kultur und seine eigenen Werte, die beeinflussen, wie du Missionen angehst und mit anderen interagierst. Um sich einer Fraktion anzuschließen, geht es nicht nur um das Gameplay – es geht darum, einen Ort zu finden, an dem deine Ideale mit deinen Taten übereinstimmen. Wirst du ums Überleben kämpfen, oder wirst du für Veränderung kämpfen?

Wichtige Funktionen und Verbesserungen gegenüber dem Originalspiel

Diese überarbeitete Edition lässt das klassische *Freedom Wars-Erlebnis nicht nur wieder aufleben* – sie definiert es neu. Die Entwickler haben unermüdlich daran gearbeitet, die Probleme des Originals zu beheben und gleichzeitig alles zu verbessern, was die Fans liebten. Darauf können Sie sich freuen:

1. Atemberaubende GrafikenDas erste, was Ihnen auffallen wird, ist, wie wunderschön alles aussieht. Die überarbeitete Grafik macht das Spiel nicht nur hübscher; Sie machen die Welt immersiver. Jedes Panoptikum fühlt sich lebendig an, sprüht vor Aktivität

und ist von Details durchtränkt. Die Entführer mit ihren komplizierten Designs und ihrer furchterregenden Präsenz sind imposanter denn je. Jede Zwischensequenz fühlt sich filmisch an und zieht dich tiefer in die Geschichte hinein.

2. Nahtloses Gameplay Der Kampf ist das schlagende Herz von *Freedom Wars,* und das Remaster sorgt dafür, dass das Herz stärker schlägt als je zuvor. Egal, ob du mit deinem Dorn kämpfst, um einen Entführer zu erklimmen, oder mit deinem Team eine verheerende Kombo entfesselst, jede Aktion fühlt sich flüssig und befriedigend an. Die aktualisierte Steuerung ist intuitiv und erleichtert Neulingen den Einstieg und bietet Veteranen die Präzision, nach der sie sich sehnen.

3. Multiplayer-Magie Nur wenige Dinge sind so befriedigend, wie sich mit Freunden zusammenzutun, um einen gewaltigen Entführer zu besiegen. Das Remaster verbessert das Matchmaking und die Konnektivität, sodass es in Multiplayer-Sitzungen weniger ums Warten und mehr ums Gewinnen geht. Und mit neuen kooperativen Events und kompetitiven Modi gibt es immer einen Grund, sich wieder in die Action zu stürzen.

4. Verbesserte Anpassungsmöglichkeiten Von den Waffen bis hin zum Aussehen deines Sträflings wurden die Anpassungsmöglichkeiten erweitert, um dir mehr Kontrolle über deinen Spielstil zu geben. Mit den neuen Optionen kannst du deine Persönlichkeit zum Ausdruck bringen und gleichzeitig deinen Charakter für die kommenden Herausforderungen optimieren. Auch Accessoires, deine treuen KI-Begleiter, profitieren von dieser Erweiterung und ermöglichen tiefere taktische Möglichkeiten.

5. Ausgewogener Fortschritt Einer der größten Kritikpunkte am Originalspiel war der Grind. Während das Remaster die lohnende Herausforderung beibehält, sich seine Freiheit zu verdienen, glättet es die Ecken und Kanten. Das Ressourcenfarmen ist effizienter, das Crafting-System wurde optimiert und die Missionsbelohnungen fühlen sich wirkungsvoller an.

So verwenden Sie diesen Leitfaden: Navigieren in Abschnitten für maximalen Nutzen

Dieser Leitfaden ist nicht nur eine Sammlung von Tipps und Tricks – er ist dein persönlicher Begleiter durch die Welt von *Freedom Wars Remastered*. Egal, ob Sie zum ersten Mal spielen oder ein erfahrener Veteran sind, dieser Leitfaden soll sicherstellen, dass Sie das Beste aus Ihrer Erfahrung herausholen.

1. **Für AnfängerWenn dies dein erster Ausflug in die Welt von** *Freedom Wars ist,* **beginne mit den Grundlagen. Der Abschnitt "Erste Schritte" schlüsselt die Mechaniken, Steuerelemente und Systeme des Spiels auf eine leicht verständliche Weise auf. Hier finden Sie Tipps, die Ihnen helfen, häufige Fehler zu vermeiden und ein starkes Fundament zu schaffen.**

2. **Für Story-EnthusiastenTauchen Sie ein in die "Story-Kampagnen-Komplettlösung", um detaillierte Missionsanleitungen und Einblicke in die Erzählung zu erhalten. Egal, ob du bei einem harten Boss feststeckst oder versteckte Überlieferungen aufdecken möchtest, in diesem Abschnitt bist du bestens gerüstet.**

3. **Für StrategenDer Abschnitt "Kampfmechaniken und Strategien" ist die erste Anlaufstelle, um die Schlachten des Spiels zu meistern. Erlerne fortgeschrittene Techniken, nutze die Schwächen**

deiner Feinde aus und entwickle Strategien für das Solo- und Multiplayer-Spiel.

4. **Für Sammler und Vervollständiger** Wenn euer Ziel die 100%ige Fertigstellung ist, geht zum **Abschnitt** "Freischaltbare Gegenstände und Erfolge". Mit detaillierten Checklisten und Schritt-für-Schritt-Anleitungen entgeht Ihnen nichts.

5. **Für Multiplayer-Enthusiasten** Der Bereich "Multiplayer und Online-Spiel" ist vollgepackt mit Tipps für kooperative Missionen, kompetitive Ranglisten und den Aufbau des perfekten Teams. Egal, ob du mit Freunden oder zufälligen Spielern spielst, dieser Bereich sorgt dafür, dass du immer bereit für Action bist.

Kapitel 1

Erste Schritte

Sich in *Freedom Wars Remastered auf eine Reise zu begeben*, kann sich entmutigend anfühlen, vor allem, wenn man in eine dystopische Welt mit überwältigenden Strafen und Kämpfen mit hohen Einsätzen geworfen wird. Dieses Kapitel dient als Grundlage und vermittelt dir grundlegendes Wissen über die Steuerung, Mechanik und Strategien des Spiels, um einen reibungslosen und lohnenden Start zu gewährleisten. Egal, ob Sie ein Neuling oder ein wiederkehrender Spieler sind, die Beherrschung dieser Grundlagen wird Sie auf den Weg zum Erfolg bringen.

Grundlegendes zu den Grundlagen: Steuerelemente, Schwebepalette und Menüs

Einer der Schlüssel, um *Freedom Wars Remastered zu genießen und zu übertreffen*, besteht darin, sich mit der Steuerung, dem Heads-Up-Display (HUD) und den Menüsystemen vertraut zu machen. Diese Elemente sind deine Lebensadern im Kampf und darüber hinaus.

Übersicht über die Steuerung Die überarbeitete Version führt eine anpassbare Steuerung ein, die auf moderne Spielsysteme zugeschnitten ist. Im Folgenden finden Sie ein Standardlayout für die meisten Controller:

- **Bewegung:** Linker Analogstick für die Bewegung der Figuren, rechter Analogstick für die Kamerasteuerung.

- **Angriff:** Standard- und schwere Angriffe sind den Schultertasten zugeordnet, was für flüssige Kampfübergänge sorgt.

- **Dornfähigkeit:** Verwende eine bestimmte Taste, um deinen Dorn einzusetzen, ein multifunktionales Greifwerkzeug, das für die Navigation und den Kampf von zentraler Bedeutung ist.

- **Ausweichen/Blocken:** Wird je nach Vorliebe den Gesichtstasten oder Auslösern zugeordnet.

- **Verwendung von Gegenständen:** Weist Verbrauchsgegenstände einem Schnellzugriffsmenü zu, um sie während des Kampfes sofort zu verwenden.

- **Befehls-KI-Begleiter:** Verwende das Steuerkreuz, um Befehle wie "Angreifen", "Verteidigen" oder "Heilen" zu erteilen.

Verbringen Sie Zeit im Tutorial oder in einer frühen Mission, um sich mit diesen Mechaniken vertraut zu machen. Ein gutes Verständnis der Steuerung wird deine Effizienz und dein Selbstvertrauen in intensiven Kämpfen verbessern.

HUD-Überblick Das HUD in *Freedom Wars* vermittelt eine Fülle von Informationen. Das Verständnis seiner Komponenten ist von entscheidender Bedeutung:

- **Gesundheits- und Ausdauerbalken:** Diese befinden sich oben links und zeigen dein Überleben und deine Fähigkeit an, Aktionen wie Ausweichen oder Grappling auszuführen.

- **Feindinfo:** Zeigt die Gesundheit und Schwächen der anvisierten Feinde an.

- **Missionsziele:** Diese befinden sich oben in der Mitte und sorgen dafür, dass du dich auf deine aktuellen Aufgaben konzentrieren kannst.

- **Minikarte:** Sie befindet sich in der Ecke und zeigt deine Umgebung, die feindlichen Standorte und wichtige Sehenswürdigkeiten.
- **Dornenanzeige:** Verfolgt das Energielevel deines Dorns und bestimmt, wie oft er verwendet werden kann.

MenüsDie Menüs sind Ihr Dreh- und Angelpunkt für die Verwaltung von Ressourcen, das Upgrade von Geräten und die Verfolgung des Fortschritts. Zu den wichtigsten Menüabschnitten gehören:

- **Inventar:** Gegenstände, Waffen und Materialien anzeigen und organisieren.
- **Anpassung:** Bearbeite das Aussehen, die Waffenausstattung und die Zubehörkonfigurationen deines Charakters.
- **Missionsprotokoll:** Verfolge aktive und abgeschlossene Missionen.
- **Crafting und Upgrades:** Greife auf Stationen zu, um deine Ausrüstung zu verbessern und neue Gegenstände herzustellen.

Überlebenstipps für Anfänger: Frühe Fehler vermeiden

Als Neuling in *Freedom Wars Remastered* wirst du vor zahlreichen Herausforderungen stehen, die dein Verständnis für Mechaniken und Entscheidungsfindung auf die Probe stellen. Befolgen Sie diese Überlebenstipps, um häufige Fallstricke zu vermeiden und ein starkes Fundament aufzubauen.

1. Konzentriere dich auf das Erlernen der GrundlagenEs ist verlockend, sich in den Kampf zu stürzen, aber das Verständnis der Kernsysteme ist entscheidend. Schließe die Tutorial-Missionen gründlich ab. Sie lehren wichtige Mechaniken wie die Verwendung von Dornen, Handwerk und Teamarbeit.

2. Verwalten Sie Ressourcen mit BedachtRessourcen wie Berechtigungen und Handwerksmaterialien sind endlich, besonders am Anfang. Vermeiden Sie unnötige Ausgaben und Hamsterkäufe. Priorisiere das Aufrüsten einer kleinen Anzahl vielseitiger Waffen gegenüber der Streuung von Ressourcen.

3. Bleibe während des Kampfes mobilStillstand im Kampf ist ein Rezept für eine Katastrophe. Bewege dich

ständig, weiche aus und setze deinen Dorn ein, um nicht in Gefahr zu geraten. Die Beherrschung der Mobilität sichert das Überleben selbst gegen die härtesten Entführer.

4. Koordinieren Sie sich mit Ihrem Zubehör Ihr KI-Begleiter oder Zubehör ist von unschätzbarem Wert. Rüste sie mit Heilgegenständen aus und weise ihnen Rollen zu, die zu deinem Spielstil passen. Setze Befehle strategisch ein, um das Blatt im Kampf zu wenden.

5. Früh auf Multiplayer umsteigen Während das Einzelspieler-Erlebnis robust ist, bieten Multiplayer-Missionen zusätzliche Ressourcen, schnelleren Fortschritt und wertvolle Teamerfahrung. Verbünde dich mit anderen Spielern, um Strategien zu erlernen und Belohnungen zu verdienen.

6. Speichern Sie häufig Verlassen Sie sich nicht nur auf das automatische Speichern. Speichern Sie Ihren Fortschritt manuell, bevor Sie schwierige Missionen oder wichtige Entscheidungen treffen, um Rückschläge zu vermeiden.

Fraktionen und deine Rolle: Mit Bedacht wählen

In der Welt der *Freiheitskriege* sind Fraktionen, repräsentiert durch Panoptikome, die Regierungsorgane der dystopischen Stadtstaaten. Die Wahl der Fraktion wirkt sich auf deine Reise aus, einschließlich Belohnungen, Allianzen und Multiplayer-Dynamiken.

Was sind Fraktionen?
Jedes Panoptikum repräsentiert eine Region, eine Ideologie oder einen Spielstil. Wenn du einer Fraktion beitrittst, richtest du dich an ihren Zielen aus und erhältst bestimmte Vorteile. Zum Beispiel:

- **Ressourcenreiche Fraktionen:** Bieten reichlich Handwerksmaterialien an, verlangen aber hohe Beiträge.

- **Kampforientierte Fraktionen:** Bietet bessere Waffen- und Ausrüstungs-Upgrades an, aber priorisiert aggressive Missionsziele.

- **Ausgewogene Fraktionen:** Bietet eine Mischung aus Belohnungen ohne extreme Anforderungen.

So wählst du die richtige Fraktion ausBerücksichtige deinen Spielstil und deine Ziele, wenn du eine Fraktion auswählst:

- Wenn du das Solospiel bevorzugst, wähle eine Fraktion mit defensiven oder unterstützenden Vorteilen.

- Multiplayer-Enthusiasten können sich für Fraktionen mit kompetitiven Anreizen und robusten PvP-Elementen entscheiden.

- Wenn ihr unentschlossen seid, recherchiert die Belohnungen und Allianzen der Fraktionen, um eine Balance zu finden, die zu eurem Ansatz passt.

Fraktionsloyalität und RufEure Aktionen in Missionen und Multiplayer-Events wirken sich auf das Ansehen eurer Fraktion aus. Eine hohe Loyalität schaltet bessere Belohnungen und Zugang zu exklusiven Missionen frei, während die Vernachlässigung der Ziele deiner Fraktion zu Strafen führen kann.

Strafreduzierung: Tipps für die Effizienz

Das übergeordnete Ziel in *Freedom Wars* ist es, deine schwindelerregende Strafe zu reduzieren. Jede Handlung, die Sie ergreifen, trägt zu diesem Ziel bei, aber Effizienz ist der Schlüssel zu sinnvollen Fortschritten.

1. Konzentriere dich auf die Hauptmissionen Hauptstory-Missionen bieten oft die größten Satzreduzierungen. Priorisiere diese Missionen, um frühzeitig erhebliche Fortschritte zu erzielen.

2. Schließe Quoten und Nebenmissionen ab Nebenmissionen sind zwar optional, bieten aber wertvolle Belohnungen und geringfügige Strafreduzierungen. Balanciere diese mit den Hauptmissionen aus, um deinen Fortschritt zu optimieren.

3. Vermeiden Sie Verstöße Das Panoptikum-System ist unversöhnlich. Verstöße wie unbefugte Bewegungen oder Verhaltensweisen führen zu Strafen, die Ihre Strafe erhöhen. Halten Sie sich an die Regeln, um Rückschläge zu vermeiden.

4. Nutzen Sie Multiplayer-Belohnungen Viele Multiplayer-Missionen bieten als Belohnung erhebliche Strafverkürzung an. Nehmen Sie regelmäßig teil, um Ihre Gewinne zu maximieren.

5. Setze deinen Dorn effektiv ein Der Dorn ist nicht nur ein Kampfwerkzeug – er kann Missionsziele wie das Erobern von Ressourcen oder das Ausschalten von

Feinden beschleunigen. Setze es strategisch ein, um Missionen schneller abzuschließen.

6. Optimieren Sie die RessourcennutzungEin effizientes Ressourcenmanagement stellt sicher, dass Herstellungs- und Aufwertungsprozesse direkt zur Strafreduzierung beitragen. Vermeiden Sie die Verschwendung von Material für unnötige Upgrades.

7. Meister-Boss-KämpfeBosskämpfe gegen Entführer führen zu erheblichen Strafverkürzung Lernen Sie ihre Muster kennen, nutzen Sie Schwächen aus und koordinieren Sie sich mit Ihrem Team, um effiziente Siege zu erzielen.

Kapitel 2

Waffen und Ausrüstung

Die Wahl der Waffen und Ausrüstung ist einer der wichtigsten Faktoren für deinen Erfolg in *Freedom Wars Remastered*. Egal, ob du ein Neuling oder ein erfahrener Spieler bist, das Verständnis der Feinheiten von Waffenklassen, Anpassungen und Upgrades kann den Unterschied zwischen Sieg und Frustration ausmachen. Dieses Kapitel bietet einen umfassenden Leitfaden, wie du dich für den Erfolg ausrüsten kannst, der auf Spieler aller Fähigkeitsstufen zugeschnitten ist.

Waffenklassen und -typen: Die Wahl der richtigen Werkzeuge für den Kampf

Die Waffen in *Freedom Wars Remastered* sind in verschiedene Klassen unterteilt, die jeweils einen einzigartigen Zweck im Kampf erfüllen. Wenn du ihre Stärken, Schwächen und idealen Einsatzszenarien verstehst, kannst du die perfekte Ausrüstung für jede Mission auswählen.

Nahkampfwaffen

Nahkampfwaffen sind unverzichtbar für Spieler, die den Nahkampf bevorzugen. Sie verursachen verheerenden Schaden, erfordern aber, dass du dich in Schlagreichweite befindest, was gegen größere Feinde riskant sein kann.

1. **Schwerter**
    - **Überblick:** Ausgewogene Nahkampfwaffen mit moderater Geschwindigkeit und moderatem Schaden.
    - **Anwendungsfall:** Ideal für Einsteiger aufgrund ihrer Vielseitigkeit. Sie können sowohl mit kleinen Gegnern als auch mit gezielten Schwachstellen auf Entführern umgehen.
    - **Tipp:** Nutze schnelle Kombos, um beweglich zu bleiben.

2. **Speere**
    - **Überblick:** Waffen mit großer Reichweite, mit denen du Feinde aus sicherer Entfernung treffen kannst.

- **Anwendungsfall:** Effektiv gegen Feinde mit schwerer Panzerung oder großer Angriffsreichweite.
- **Tipp:** Konzentrieren Sie sich auf Timing und Positionierung, um sich nicht verwundbar zu machen.

3. **Hämmer**
   - **Überblick:** Langsam, aber unglaublich mächtig, in der Lage, Rüstungen zu durchbrechen und massiven Schaden zu verursachen.
   - **Anwendungsfall:** Am besten für fortgeschrittene Spieler, die feindliche Bewegungen vorhersehen können.
   - **Tipp:** Kombiniere aufgeladene Angriffe mit präzisem Timing, um maximale Wirkung zu erzielen.

Fernkampfwaffen

Fernkampfwaffen bieten einen sichereren Ansatz für den Kampf, da du Feinde aus der Ferne angreifen kannst. Sie sind besonders nützlich, um Schwachstellen bei Entführern ins Visier zu nehmen.

1. **Sturmgewehre**
   - **Überblick:** Die hohe Feuerrate und die ausgewogenen Werte machen diese Waffen in den meisten Situationen zuverlässig.
   - **Anwendungsfall:** Vielseitige Wahl sowohl für Anfänger als auch für erfahrene Spieler.
   - **Tipp:** Ziele auf anhaltendes Feuer auf Schwachstellen, um den Schaden zu maximieren.

2. **Scharfschützengewehre**
   - **Überblick:** Waffen mit hoher Schadensintensität und großer Reichweite, die sich perfekt für Präzisionsschläge eignen.
   - **Use Case:** Ideal für Spieler, die einen taktischen Ansatz bevorzugen.
   - **Tipp:** Verwenden Sie Deckung, um sicher zu bleiben, während Sie kritische Schüsse abfeuern.

3. **Schrotflinten**
    - **Überblick:** Waffen mit kurzer Reichweite und hohem Schaden, die sich im Nahkampf auszeichnen.
    - **Anwendungsfall:** Effektiv zum Beseitigen von Wellen kleinerer Feinde.
    - **Tipp:** Kombinieren Sie es mit Mobilitätsfähigkeiten, um Lücken schnell zu schließen.
4. **Raketenwerfer**
    - **Überblick:** Explosivwaffen mit Weitbereichsschaden, effektiv gegen Gruppen von Feinden.
    - **Anwendungsfall:** Am besten für die Kontrolle von Menschenmengen und die gleichzeitige Beschädigung mehrerer Schwachstellen.
    - **Tipp:** Gehe vorsichtig mit der Munition um, um zu vermeiden, dass sie in kritischen Momenten zur Neige geht.

Spezialwaffen

1. **Dornen**
   - **Überblick:** Mehrzweck-Greifwerkzeuge, die zum Durchqueren, Angreifen und Unterstützen verwendet werden.
   - **Anwendungsfall:** Unerlässlich zum Skalieren von Entführern und zum Zurückhalten von Feinden.
   - **Tipp:** Übe mit deinem Dorn, um seine Vielseitigkeit zu meistern.

2. **Unterstützungswaffen**
   - **Überblick:** Werkzeuge wie Heilpistolen oder Massenkontrollgeräte.
   - **Anwendungsfall:** Unerlässlich für teambasierte Missionen.
   - **Tipp:** Kommunizieren Sie mit Ihrem Team, um den Support effektiv zu koordinieren.

Ausrüstungsanpassung: Rüstungen, Accessoires und Mods

Das Anpassen deiner Ausrüstung ist ein Eckpfeiler des Gameplays in *Freedom Wars Remastered*. Jedes

Ausrüstungsteil spielt eine entscheidende Rolle bei der Definition deiner Kampfeffektivität und Überlebensfähigkeit.

Rüstung

Die Rüstung bietet grundlegenden Schutz und Buffs, die dafür sorgen, dass du den Strapazen des Kampfes standhalten kannst.

1. **Arten von Panzerungen**
    - **Leichte Rüstung:** Priorisiert Mobilität vor Schutz. Ideal für agile Spielstile.
    - **Mittlere Rüstung:** Ausgewogener Schutz und Mobilität, geeignet für die meisten Spieler.
    - **Schwere Rüstung:** Maximale Verteidigung auf Kosten der Geschwindigkeit. Am besten für panzerähnliche Builds.

2. **Die Wahl der Rüstung**
    - Bewerte den Schwierigkeitsgrad der Mission und die Gegnertypen, bevor du deine Panzerung auswählst.

- Passe deine Rüstung mit Mods an, um bestimmte Werte wie Verteidigung, Ausdauer oder Elementarresistenz zu verbessern.

Zubehör

Zubehör ist dein KI-Begleiter, und seine Ausrüstung und Konfiguration haben einen erheblichen Einfluss auf den Missionserfolg.

1. **Rollen von Zubehör**
   - **Heiler:** Ausgestattet mit Heilgegenständen und Fähigkeiten, die dich im Kampf unterstützen.
   - **Schadensverursacher:** Konzentriert sich auf die Maximierung der Angriffskraft.
   - **Verteidiger:** Verwendet Ausrüstung mit hoher Verteidigung, um dich vor Schaden zu schützen.

2. **Anpassen von Zubehör**
   - Rüste Accessoires mit Ausrüstung aus, die zu deinem Spielstil passt. Wenn du dich zum

Beispiel auf Schaden konzentrierst, weise dein Accessoire als Heiler zu.

Mods

Mods sind Upgrades, die die Funktionalität von Waffen und Rüstungen verbessern. Sie bieten einzigartige Boni, wie z. B. erhöhten Schaden, reduzierten Ausdauerverbrauch oder schnellere Nachladezeiten.

1. **Arten von Mods**

    - **Offensive Mods:** Verbessern den Schadensausstoß oder die Genauigkeit.
    - **Defensive Mods:** Erhöht die Resistenz gegen bestimmte Schadensarten.
    - **Utility-Mods:** Verbessert Geschwindigkeit, Ausdauer oder andere Werte, die nicht im Kampf zu finden sind.

2. **Anwenden von Mods**

    - Priorisiere Mods, die Schwächen in deinem Build beheben. Wenn deine Waffe zum Beispiel eine geringe Genauigkeit hat, rüste dich mit einem Präzisions-Mod aus.

Die besten Loadouts für Anfänger, Fortgeschrittene und Fortgeschrittene

Deine Ausrüstung ist eine Kombination aus deiner Waffe, Rüstung, Accessoires und Mods. Die Anpassung deiner Ausrüstung an deine Erfahrungsstufe und deine Missionsziele ist der Schlüssel zum Erfolg.

Für Einsteiger

- **Primärwaffe:** Sturmgewehr (ausgewogen und einfach zu bedienen).
- **Sekundärwaffe:** Schwert (für Vielseitigkeit im Nahkampf).
- **Rüstung:** Mittlere Rüstung (ausgewogener Schutz und Mobilität).
- **Nebenrolle:** Heiler (um erlittenen Schaden auszugleichen).
- **Mods:** Rüste Hilfsprogramm-Mods aus, um deine Ausdauer zu erhöhen und deine Mobilität zu verbessern.

Für fortgeschrittene Spieler

- **Primärwaffe:** Scharfschützengewehr (für präzise Schläge mit hohem Schaden).
- **Sekundärwaffe:** Speer (für Reichweite und taktischen Kampf).
- **Rüstung:** Leichte Rüstung (um Geschwindigkeit und Ausweichen zu betonen).
- **Nebenrolle:** Schadensverursacher (als Ergänzung zu deinen Fernkampfangriffen).
- **Mods:** Verwende offensive Mods, um kritischen Schaden und Genauigkeit zu verbessern.

Für fortgeschrittene Spieler

- **Primärwaffe:** Raketenwerfer (für großflächigen Schaden).
- **Sekundärwaffe: Hammer** (für verheerende Nahkampfkraft).
- **Rüstung:** Schwere Rüstung (für maximale Verteidigung in hochriskanten Missionen).
- **Nebenrolle:** Verteidiger (um die Aufmerksamkeit des Feindes auf sich zu ziehen).

- **Mods:** Rüste defensive Mods für Überlebensfähigkeit und Utility-Mods für reduzierte Ausdauerkosten aus.

Crafting und Upgrades: Schritt-für-Schritt-Anleitung zum Aufbau von Macht

Crafting und Upgrades sind ein wesentlicher Bestandteil, um deine Ausrüstung zu verbessern und sicherzustellen, dass du auf härtere Missionen vorbereitet bist. Dieser Prozess kann überwältigend erscheinen, aber die Aufteilung in überschaubare Schritte vereinfacht die Reise.

1. Sammeln von Ressourcen

- **Sammle Materialien:** Sammle während der Missionen Ressourcen, indem du Feinde plünderst, Ziele erfüllst und Umgebungen erkundest.

- **Konzentriere dich auf Schlüsselgegenstände:** Priorisiere seltene Materialien, die für fortgeschrittene Upgrades benötigt werden.

2. Basteln

- **Zugang zu Handwerksstationen:** Diese Stationen, die du in deinem Panoptikum findest, ermöglichen es dir, neue Waffen und Ausrüstung herzustellen.

- **Blaupausen auswählen:** Wähle Blaupausen basierend auf deinen aktuellen Bedürfnissen und deinem Spielstil aus.

3. Upgrade

- **Waffen-Upgrades:** Verbessert Schaden, Genauigkeit und Spezialeffekte.
- **Rüstungs-Upgrades:** Verbessere die Verteidigung und die Elementarresistenzen.
- **Zubehör-Upgrades:** Verbessern Sie die Werte und verbessern Sie das Verhalten der KI.

4. Kostenmanagement

- **Ressourcen ausbalancieren:** Verbraucht keine Materialien für kleinere Upgrades. Bewahrt seltene Gegenstände für wichtige Verbesserungen auf.
- **Priorisieren Sie die Kernausrüstung:** Konzentrieren Sie sich bei Upgrades zuerst auf Ihre Hauptwaffe und Rüstung.

5. Testen Ihrer Builds

- **Probeläufe:** Teste deine hergestellte und verbesserte Ausrüstung in Missionen mit geringem

Einsatz, um sicherzustellen, dass sie zu deinem Spielstil passt.

- **Passt sie nach Bedarf an:** Zögere nicht, Ressourcen neu zuzuweisen oder Mods zu wechseln, wenn dein Build nicht wie erwartet funktioniert.

Kapitel 3

Kampfmechaniken und -strategien

Die Kämpfe in *Freedom Wars Remastered* sind der Kern des Spielerlebnisses. Jede Mission, jeder Kampf und jede strategische Entscheidung dreht sich um die Beherrschung der komplizierten Mechaniken. Vom Verständnis der Grundlagen des Angriffs, der Verteidigung und des Ausweichens bis hin zur Ausführung fortschrittlicher Techniken zum Besiegen kolossaler Entführer erfordert der Kampf Präzision, Geschicklichkeit und Anpassungsfähigkeit. Dieses Kapitel befasst sich mit jedem Aspekt des Kampfes und stellt sicher, dass du voll ausgerüstet bist, um deine Feinde zu besiegen, egal ob du alleine oder im Team spielst.

Kampf meistern: Angriff, Verteidigung und Ausweichen

Die Beherrschung der grundlegenden Kampfmechanik ist die Grundlage für den Erfolg in *Freedom Wars Remastered*. Jedes Element – Angriff, Verteidigung und

Ausweichen – erfordert ein sorgfältiges Timing und ein Verständnis der Spielsysteme.

Angreifend

Der Kampf in *Freedom Wars Remastered* dreht sich um ein Gleichgewicht zwischen Nah- und Fernkampfangriffen. Beides erfordert eine Strategie und ein Bewusstsein für Ihre Umgebung.

1. **Nahkampfangriffe**
    - **Leichte Angriffe:** Schnelle Schläge, die ideal sind, um die Gesundheit des Gegners zu verringern oder verwundbare Punkte ins Visier zu nehmen.
    - **Schwere Angriffe:** Langsamere, kraftvollere Schläge, die Feinde ins Taumeln bringen oder Rüstungen durchbrechen können.
    - **Kombos:** Verkette leichte und schwere Angriffe, um verheerende Kombos zu erzeugen. Experimentieren Sie mit dem Timing, um den Schadensausstoß zu maximieren.

- **Dornintegration:** Nutze deinen Dorn, um dich auf Feinde zu stürzen und Nahkampfangriffe aus der Luft auszuführen, um maximale Wirkung zu erzielen.

2. **Fernkampfangriffe**

    - **Präzisionszielen:** Zielen Sie auf Schwachstellen an Feinden, wie z. B. freiliegende Gliedmaßen oder Energiekerne.

    - **Munitionsmanagement:** Überwachen Sie Ihre Munitionsreserven und laden Sie strategisch nach, wenn Sie im Kampf Pausen einlegen.

    - **Waffenwechsel:** Wechsle je nach Situation zwischen Fern- und Nahkampfwaffen. Weiche zum Beispiel Feinde aus der Ferne mit einem Scharfschützengewehr ab, bevor du mit einem Schwert angreifst.

Verteidigung

Die richtige Verteidigung ist überlebenswichtig, vor allem, wenn man mächtigen Entführern oder großen Gruppen von Feinden gegenübersteht.

1. **Blockierend**
   - Einige Waffen oder Ausrüstungsgegenstände erlauben das Blocken. Nutze dies, um den Schaden durch schwere Angriffe zu verringern.
   - Achte beim Blocken auf den Ausdauerverbrauch; Wenn du deine Ausdauer erschöpft, bist du verwundbar.

2. **Positionierung**
   - Positionieren Sie sich immer mit einem Fluchtweg im Kopf. Vermeide es, von Feinden oder Hindernissen in der Umgebung in die Enge getrieben zu werden.
   - Nutze Geländemerkmale wie Wände oder Deckung, um dich vor Fernkampfangriffen zu schützen.

Ausweichen

Ausweichen ist eine wichtige Mechanik, die im Kampf den Unterschied zwischen Leben und Tod ausmachen kann.

1. **Timing und Regie**

- Wenn du im richtigen Moment ausweichst, kannst du feindlichen Angriffen vollständig ausweichen.
- Rollen oder sprinten Sie in eine Richtung, die senkrecht zur Angriffsbahn des Feindes verläuft, um Folgeangriffen auszuweichen.

2. **Dorn-Mobilität**
    - Setze deinen Dorn ein, um dich schnell neu zu positionieren, Gefahren zu entkommen oder Lücken zu schließen.
    - Die Beherrschung der Dornbewegung fügt dem Kampf eine dynamische Ebene hinzu, die es dir ermöglicht, selbst die härtesten Feinde auszumanövrieren.

Abduktoren zur Strecke bringen: Tipps und fortgeschrittene Techniken

Entführer sind die furchterregendsten Feinde in *Freedom Wars Remastered*. Diese hoch aufragenden, mechanisierten Feinde erfordern Geschicklichkeit, Strategie und Teamwork, um sie zu besiegen. Hier erfahren Sie, wie Sie sie effektiv zu Fall bringen können.

Entführer verstehen

1. **Schwachstellen**
   - Abduktoren haben spezifische Schwachstellen, wie z.B. freiliegende Kerne oder Gliedmaßen.
   - Verwende Fernkampfwaffen oder den Dorn, um diese Bereiche anzuvisieren und maximalen Schaden zu verursachen.

2. **Verhaltensmuster**
   - Studiere die Bewegungs- und Angriffsmuster jedes Abduktortyps.
   - Antizipieren Sie ihre Angriffe, um effektiv auszuweichen und Lücken auszunutzen.

Strategien für den Sieg

1. **Dorn-Fesseln**
   - Benutze deinen Dorn, um Entführer zu fesseln und sie vorübergehend bewegungsunfähig zu machen.

- o Koordiniert euch mit Teamkameraden, um verwundbare Punkte anzugreifen, während der Entführer gefesselt ist.

2. **Gliedmaßen brechen**

    - o Zielen Sie auf bestimmte Gliedmaßen, um die Angriffe des Entführers zu deaktivieren. Wenn man sich zum Beispiel einen Arm bricht, kann er bestimmte Waffen nicht mehr benutzen können.
    - o Gebrochene Gliedmaßen lassen oft wertvolle Ressourcen für die Herstellung fallen.

3. **Teamkoordination**

    - o Weisen Sie im Mehrspielermodus Rollen wie Schadensverursacher, Unterstützer und Rückhaltespezialist zu.
    - o Synchronisieren Sie Ihre Angriffe, um den Schaden zu maximieren und das Risiko zu minimieren.

4. **Verwenden der Umgebung**

- Nutzen Sie das Gelände zu Ihrem Vorteil. Nutze eine Anhöhe für Fernkampfangriffe oder Hindernisse, um die Sichtlinie des Entführers zu blockieren.
- Einige Missionen beinhalten Umweltgefahren oder Fallen, die gegen den Entführer eingesetzt werden können.

Fortgeschrittene Techniken

1. **Luftkämpfe**
   - Greife dich mit deinem Dorn an Entführer fest und greife von oben an.
   - Im Luftkampf kannst du Schwachstellen anvisieren, die vom Boden aus schwer zu erreichen sind.

2. **Combo-Koordination**
   - Verkette deine Angriffe mit Teamkameraden, um den Entführer ins Taumeln zu bringen.
   - Verwende Waffen mit komplementären Effekten, z. B. wenn ein Spieler eine Waffe

verwendet, die Statuseffekte anwendet, während ein anderer starken Schaden verursacht.

KI-Begleiter effektiv nutzen

KI-Gefährten, bekannt als Accessoires, sind sowohl in Solo- als auch in Teammissionen von unschätzbarem Wert. Wenn du dein Accessoire anpasst und befehligst, kannst du das Blatt im Kampf wenden.

Anpassen Ihres Zubehörs

1. **Rollen und Spezialisierung**
   - Weist eurem Accessoire eine bestimmte Rolle zu, z. B. Heilung, Schadensausteilung oder Kontrollverlust.
   - Rüste sie mit Ausrüstung und Fähigkeiten aus, die ihre zugewiesene Rolle ergänzen.

2. **Aufwertung**
   - Verbessere die Ausrüstung deines Zubehörs regelmäßig, um sicherzustellen, dass sie auch bei immer anspruchsvolleren Missionen effektiv bleibt.

- Konzentrieren Sie sich auf die Verbesserung ihrer Überlebensfähigkeit und ihres Nutzens, um ihre Wirkung zu maximieren.

Kommandieren Ihres Zubehörs

1. **Grundlegende Befehle**
   - Verwende Schnellbefehle, um die Aktionen deines Zubehörs zu steuern, z. B. bestimmte Feinde anzugreifen oder Verbündete zu heilen.
   - Behalten Sie ihre Position im Auge und greifen Sie ein, wenn sie überfordert sind.

2. **Synergie**
   - Koordinieren Sie die Aktionen Ihres Zubehörs mit Ihren eigenen. Weisen Sie sie zum Beispiel an, einen Feind mit ihrem Dorn zurückzuhalten, während Sie eine Schwachstelle angreifen.

3. **Wiederbelebung**
   - Accessoires können dich wiederbeleben, wenn du im Kampf fällst, was sie

überlebenswichtig macht. Schützen Sie sie, um sicherzustellen, dass sie funktionsfähig bleiben.

Multiplayer-Gefechte: Koop- und PvP-Strategien

Die Multiplayer-Kämpfe in *Freedom Wars Remastered* bieten eine aufregende Ebene aus Strategie und Kameradschaft. Egal, ob du dich mit Freunden für kooperative Missionen zusammenschließt oder in Spieler-gegen-Spieler-Schlachten (PvP) antrittst, effektive Teamarbeit und Kommunikation sind der Schlüssel.

Co-op-Strategien

1. **Rollenzuweisung**
    - Weisen Sie jedem Spieler bestimmte Rollen zu, z. B. Tank, Schadensverursacher oder Unterstützer.
    - Stelle sicher, dass sich die Rollen deines Teams ergänzen, um alle Aspekte des Kampfes abzudecken.

2. **Kommunikation**

- Nutze den Voice-Chat oder Signale im Spiel, um Angriffe zu koordinieren, Hilfe zu rufen oder Teamkollegen vor eingehenden Bedrohungen zu warnen.
- Klare Kommunikation reduziert das Chaos und steigert die Effizienz.

3. **Gemeinsame Ziele**
   - Konzentriere dich darauf, die Missionsziele als Team zu erreichen. Während zum Beispiel ein Spieler einen Entführer festhält, sollten sich andere darauf konzentrieren, Ressourcen zu ernten oder Schwachstellen anzugreifen.
   - Teile Beute und Ressourcen, um sicherzustellen, dass alle davon profitieren.

PvP-Strategien

1. **Spielmodi verstehen**
   - Mach dich mit den Regeln und Zielen der einzelnen PvP-Modi vertraut, wie z. B. der Gebietskontrolle oder dem Team-Deathmatch.

- Passe deine Strategie basierend auf dem Modus und dem Kartenlayout an.

2. **Optimierung der Ausrüstung**

    - Rüste Waffen und Ausrüstung aus, die zu deinem PvP-Spielstil passen. Zum Beispiel zeichnen sich Scharfschützen auf offenen Karten aus, während Schrotflinten im Nahkampf dominieren.
    - Verwende Mods, die die Mobilität, Tarnung oder den Schadensausstoß verbessern.

3. **Teamdynamik**

    - Arbeiten Sie eng mit Ihrem Team zusammen, um Gegner auszumanövrieren und zu überdenken.
    - Nutze Ablenkungen, Hinterhalte und koordinierte Angriffe, um die Oberhand zu gewinnen.

Kapitel 4

Ressourcenmanagement und Landwirtschaft

Ressourcenmanagement und Landwirtschaft sind zentrale Aspekte von *Freedom Wars Remastered*. Der Erfolg im Spiel hängt von deiner Fähigkeit ab, effizient Ressourcen zu sammeln, zu verwalten und zu nutzen, um deine Ausrüstung zu verbessern, Missionen abzuschließen und deine Strafe zu reduzieren. Dieses Kapitel befasst sich mit den Strategien und Techniken, die Sie benötigen, um Ihre Zeit und Ihren Aufwand zu maximieren und sicherzustellen, dass Sie immer auf die bevorstehenden Herausforderungen vorbereitet sind.

Ressourcen sammeln: Was man sammeln kann und wo man sie findet

Ressourcen sind das Lebenselixier von *Freedom Wars Remastered*. Sie sind unerlässlich für die Herstellung, das Upgrade und die Aufrechterhaltung deines Fortschritts im

Spiel. Zu verstehen, was man sammelt und wo man es findet, ist der Schlüssel zu einer effizienten Landwirtschaft.

Arten von Ressourcen

1. **Handwerksmaterialien**
   - Wird verwendet, um Waffen, Rüstungen und Gegenstände herzustellen und zu verbessern.
   - Zu den Kategorien gehören Metalle, Textilien, biologische Materialien und seltene Komponenten.

2. **Verbrauchsartikel**
   - Gegenstände wie Gesundheitspakete, Ausdauer-Booster und Dorn-Aufladekapseln.
   - Kann aus der Umgebung geplündert oder aus einfachen Materialien hergestellt werden.

3. **Währung (Berechtigungen und Punkte)**
   - Verdient durch Missionen, Handel und Multiplayer-Events.

- o Wird zum Basteln, Aufwerten und Reduzieren deiner Strafe verwendet.

4. **Exklusive Beute**

    - o Einzigartige Gegenstände, die du in Bosskämpfen oder bestimmten Missionsbelohnungen erhältst.
    - o Wird oft für hochstufiges Crafting und Upgrades benötigt.

Wo finde ich Ressourcen?

1. **Feindliche Abwürfe**

    - o Besiegte Feinde, insbesondere Entführer, lassen wertvolle Ressourcen fallen.
    - o Nimm bestimmte Gegnertypen ins Visier, um die Materialien zu erhalten, die du brauchst. Zum Beispiel lassen gepanzerte Feinde Metalle fallen, während organische Feinde biologische Materialien fallen lassen.

2. **Ökologische Ernte**

    - o Suchen Sie nach Ressourcenknoten, die über Missionsgebiete verstreut sind.

- Halte Ausschau nach leuchtenden Markierungen oder interaktiven Objekten, um Materialien zu sammeln.

3. **Belohnungen für Missionen**

    - Das Abschließen von Haupt- und Nebenmissionen bietet Ressourcen als Belohnung.
    - Sieh dir die Missionsbeschreibungen an, um zu sehen, welche Ressourcen angeboten werden, bevor du dich auf den Weg machst.

4. **Multiplayer-Missionen**

    - Koop-Missionen bringen bessere Ressourcen, da sie oft härtere Feinde und größere Belohnungen bieten.
    - Koordiniere dich mit deinen Teamkollegen, um dich während der Missionen auf die Ernte zu konzentrieren.

Effiziente Landwirtschaftsrouten: Maximieren Sie Zeit und Aufwand

Eine effiziente Landwirtschaft erfordert Planung und Kenntnisse über ertragreiche Flächen. Indem Sie sich auf optimierte Routen und Strategien konzentrieren, können Sie mit minimalem Aufwand die benötigten Ressourcen sammeln.

Identifizierung von ertragreichen Flächen

1. **Auswahl der Mission**
    - Wiederhole Missionen mit hohen Ressourcenbelohnungen.
    - Bei seltenen Materialien solltest du Missionen mit Entführern oder Elitegegnern priorisieren.

2. **Erforschung**
    - Erkunde die Missionsbereiche, um versteckte Ressourcenknoten und plünderbare Container aufzudecken.
    - Benutze deinen Dorn, um schwer zugängliche Bereiche zu erreichen.

Die besten Landwirtschaftsstrategien

1. **Planen Sie im Voraus**

- Überprüfen Sie die Missionskarte und die Ziele, bevor Sie beginnen.
- Identifiziere Ressourcenknoten und feindliche Spawn-Orte, um deine Route zu optimieren.

2. **Priorisieren Sie die Effizienz**

    - Konzentriere dich auf Missionen, die mehrere Ressourcen bieten, die du brauchst.
    - Vermeide es, Zeit mit unnötigen Kämpfen oder Erkundungen zu verschwenden.

3. **Loadouts optimieren**

    - Rüste dich mit Waffen und Ausrüstung aus, die das Farmen erleichtern, wie z. B. hochmobile Builds für schnelle Fortbewegung oder Massenkontrollwaffen, um Feinde zu beseitigen.

4. **Verwenden von KI-Begleitern**

    - Weisen Sie Ihr Zubehör zu, um Ressourcen zu sammeln oder sich während des Farmens auf Supportaufgaben zu konzentrieren.

- Ihre Hilfe kann den Prozess erheblich beschleunigen.

Empfohlene Landwirtschaftsrouten

1. **Frühes Spiel**
   - Konzentriere dich auf niedrigstufige Missionen mit reichlich Bastelmaterialien wie Metallen und Textilien.
   - Missionen mit kleineren Gegnern sind ideal für Anfänger.

2. **Mitten im Spiel**
   - Gehe zu Missionen mit mittelstufigen Entführern über, um seltenere Komponenten zu erhalten.
   - Ernte während dieser Missionen Umweltknotenpunkte, um deine Beute aufzubessern.

3. **Endspiel**
   - Priorisiere Missionen mit hohem Schwierigkeitsgrad und Multiplayer-Events für Elite-Ressourcen.

- Seltene Entführer und Bosse lassen einzigartige Materialien fallen, die für hochstufige Upgrades benötigt werden.

Ansprüche und Punkte: Wie man sie verdient und sinnvoll einsetzt

Berechtigungen und Punkte sind die Hauptwährungen des Spiels. Wenn du sie effizient verdienst und verwaltest, kannst du ohne unnötiges Grinden herstellen, aufrüsten und Fortschritte machen.

Sammeln von Berechtigungen und Punkten

1. **Belohnungen für Missionen**
    - Das Abschließen von Missionen, insbesondere der Hauptgeschichte und der Multiplayer-Missionen, sorgt für einen stetigen Fluss von Berechtigungen und Punkten.

2. **Feindliche Niederlagen**
    - Das Besiegen von hochstufigen Gegnern und Entführern bringt erhebliche Belohnungen.

- Konzentriere dich auf die Schwachstellen für Bonus-Drops.

3. **Multiplayer-Events**

    - Nimm an Koop-Missionen und kompetitiven Multiplayer-Spielen teil, um lukrative Belohnungen zu erhalten.
    - Einige Events bieten doppelte Belohnungen für bestimmte Zeiträume.

4. **Errungenschaften**

    - Das Abschließen von Erfolgen und Meilensteinen im Spiel gewährt Bonusansprüche und Punkte.
    - Überprüfen Sie regelmäßig den Erfolgstracker, um einfache Ziele zu identifizieren.

Mit Bedacht ausgeben

1. **Priorisieren von Upgrades**

    - Konzentriere deine Ressourcen auf die Verbesserung wichtiger Waffen und Rüstungen.

- Vermeiden Sie unnötige Ausgaben für Artikel mit geringer Priorität.

2. **Machend**
   - Investiere in die Herstellung von Materialien für Ausrüstung, die zu deinem Spielstil passt.
   - Vermeiden Sie einen Überbestand an Verbrauchsmaterialien; Sie können während der Missionen oft geplündert werden.

3. **Strafreduktion**
   - Nutzen Sie Berechtigungen, um Ihre Strafe strategisch zu reduzieren.
   - Bringen Sie die Reduzierung von Strafen mit Ressourceninvestitionen in Einklang, um einen stetigen Fortschritt zu erzielen.

4. **Verbesserungen im Mehrspielermodus**
   - Gib Punkte für Multiplayer-exklusive Ausrüstung oder Upgrades aus, wenn du häufig im Koop- oder PvP-Modus spielst.

Handel und Tauschhandel: Machen Sie das Beste aus Ihrem Inventar

Das Handels- und Tauschsystem in *Freedom Wars Remastered* ermöglicht es dir, dein Inventar zu optimieren und seltene Gegenstände zu erwerben. Die Beherrschung dieses Systems stellt sicher, dass Ihnen nie die wichtigsten Ressourcen ausgehen.

Grundlagen des Handels

1. **Austausch von Ressourcen**

    o Tauschen Sie überschüssige Materialien gegen Gegenstände ein, die Sie benötigen.

    o Nutze den Marktplatz im Spiel oder Tauschsysteme, um faire Geschäfte zu machen.

2. **NPC-Händler**

    o Interagiere mit NPCs in deinem Panoptikum, um mit Ressourcen zu handeln oder Handwerksmaterialien zu kaufen.

    o Überprüfen Sie die täglichen Angebote auf Rabatte oder seltene Artikel.

Tauschstrategien

1. **Kennen Sie den Wert**

- Verstehen Sie den relativen Wert von Ressourcen, um zu viel oder zu wenig zu bezahlen.
- Seltene Materialien wie hochwertige Metalle oder exotische Komponenten sind wertvolle Handelsgüter.

2. **Planen Sie Trades**
   - Tausche gegen Gegenstände, die du brauchst, um Upgrades oder Missionen abzuschließen.
   - Vermeiden Sie es, schwer zu ersetzende Materialien zu verkaufen.

3. **Nutzen Sie den Mehrspielermodus**
   - Handeln Sie mit anderen Spielern in Multiplayer-Sitzungen.
   - Koordiniere dich mit Teamkollegen, um Gegenstände auszutauschen, von denen alle profitieren.

Bestandsoptimierung

1. **Regelmäßige Reinigung**

- Überprüfen Sie Ihren Lagerbestand regelmäßig, um nicht benötigte Artikel zu entfernen.
- Wandele überschüssige Materialien in Verbrauchsmaterialien um oder tausche sie gegen nützliche Gegenstände ein.

2. **Essentials für den Vorrat**

- Halte einen gesunden Vorrat an häufig verwendeten Gegenständen wie Gesundheitspaketen und Handwerksmaterialien bereit.
- Halte das Gleichgewicht, um zu vermeiden, dass dir in kritischen Missionen die Luft ausgeht.

Kapitel 5

Story Campaign Walkthrough: Inhaltsverzeichnis

1. Einführung in die Story-Kampagne

- Überblick über die Hauptkampagne
- Schlüsselthemen und Ziele in der Erzählung
- Die Rolle des Spielers in der Geschichte
- Wie sich die Kampagne auf Ihre Strafreduzierung auswirkt

2. Hauptstory-Missionen: Schritt-für-Schritt-Anleitung zum Erfolg

1. **Prolog: Willkommen im Panoptikum**
   - Einführung in die Welt und die Grundlagen des Gameplays
   - Ziele und Ergebnisse der ersten Mission
   - Tipps zum Umgang mit frühen Herausforderungen

2. **Kapitel 1: Das Erwachen**
   - Verstehen Sie Ihre Rolle als Sträfling
   - Erste Kampfaufträge und frühe Belohnungen
   - So arbeiten Sie mit Ihrem Zubehör
3. **Kapitel 2: Der Ruf zu den Waffen**
   - Sich mit einer Fraktion verbünden: Wähle deinen Weg
   - Wichtige Missionen, um Ihre Loyalität zu festigen
   - Schalte die Kernfähigkeiten deines Dorns frei
4. **Kapitel 3: Ketten brechen**
   - Einführung in die Abduktoren-Bosse
   - Missionen, die sich auf das Sammeln von Ressourcen konzentrieren
   - Fortgeschrittene Techniken zur Bewältigung von Herausforderungen während des Spiels
5. **Kapitel 4: Der Wendepunkt**

- Wichtige Enthüllungen der Geschichte und erzählerische Verschiebungen
- Mehrphasige Missionen und wie man sie angeht
- Vorbereitung auf den ersten großen Bosskampf

6. **Kapitel 5: Wachsender Widerstand**

    - Missionen mit mehreren Zielen
    - Erweitere dein Arsenal und deine Ausrüstung für härtere Feinde
    - Wie Sie Ihre Strafe mitten im Wahlkampf effizient reduzieren können

7. **Kapitel 6: Der Fraktionskrieg**

    - Fraktionsspezifische Missionen: Belohnungen und Risiken
    - Groß angelegte Schlachten gegen mehrere Entführer
    - Exklusive Ausrüstung und Ressourcen freischalten

8. **Kapitel 7: Das letzte Gefecht**

- Die ultimativen Missionen: Hohe Einsätze und große Belohnungen
- Vorbereitungen für den Endboss: Crafting- und Loadout-Optimierung
- Strategien, um die Kampagne mit maximaler Effizienz abzuschließen

3. Bosskämpfe: Taktiken für jeden großen Kampf

1. **Die Boss-Mechanik verstehen**
   - Hauptmerkmale von Abduktor-Bossen
   - Angriffsmuster und Schwachstellen erkennen

2. **Große Boss-Begegnungen**
   - **Entführer Titan Alpha**
     - Missionsübersicht und Strategien
     - Ideale Loadouts und Begleitrollen
   - **Der Schattenwächter**
     - Einzigartige Fähigkeiten und taktische Konter

- Die besten Techniken, um Schwachstellen auszunutzen
- **Omega-Henker**
  - Mehrphasige Kampfdynamik
  - Unverzichtbare Ausrüstung und Mods für den Erfolg
- **Die letzte Bedrohung: Panopticon Overlord**
  - Die ultimative Schlacht: Tipps zum Überleben und Sieg
  - Wie man die Umgebung und die Teamdynamik nutzt

3. **Tipps für schwierige Bosskämpfe**
   - So bereitest du dein Inventar und deine Ausrüstung vor
   - Setze deinen Dorn effektiv gegen Bosse ein
   - Verwalten von Ausdauer und Ressourcen während längerer Kämpfe

4. Nebenquests und optionale Missionen: Belohnungen und wie man sie freischaltet

1. **Einführung in die Nebenquests**
   - Warum Nebenmissionen für den Fortschritt unerlässlich sind
   - Arten von optionalen Missionen und ihre Belohnungen

2. **Fraktionsspezifische Nebenquests**
   - So erhältst du Zugang zu Missionen, die speziell auf deine gewählte Fraktion zugeschnitten sind
   - Die besten Strategien zur Maximierung der Fraktionsbelohnungen

3. **Freischaltbare optionale Missionen**
   - Versteckte Missionen und ihre Anforderungen
   - Wie man besondere Ereignisse in der Story auslöst

4. **Quests mit hoher Belohnung**
   - Missionen, die seltene Materialien und einzigartige Ausrüstung bieten

- Strategien zum Abschließen schwieriger Nebenquests

5. **Wiederkehrende Ereignisse**
   - Wöchentliche und zeitlich begrenzte Missionen: Was ihr wissen müsst
   - So bereiten Sie sich auf zeitlich begrenzte Möglichkeiten vor

5. Versteckte Geheimnisse und Easter Eggs: Was du nicht verpassen solltest

1. **Erkundung des Panoptikums**
   - Versteckte Orte in deiner Basis
   - Geheimnisse, die durch die Interaktion mit NPCs freigeschaltet werden

2. **Sammlerstücke und Überlieferungen**
   - Seltene Gegenstände und ihre Bedeutung in der Geschichte
   - So finden Sie alle Story-Lore-Teile und versteckten Notizen

3. **Geheimnisse der Umwelt**

- o Versteckte Bereiche in Missionskarten aufdecken
- o Mit dem Dorn an schwer zugängliche Orte gelangen

4. **Ostereier**
   - o Lustige und versteckte Anspielungen für Fans des Originalspiels
   - o So schaltest du spezielle Dialoge und Zwischensequenzen frei

5. **Geheimnisse nach der Kampagne**
   - o Was wird nach Abschluss der Hauptgeschichte freigeschaltet
   - o Missionen und Belohnungen exklusiv für New Game+

6. **Strategien für eine effiziente Story-Vervollständigung**

- Balance zwischen Hauptmissionen und Nebenquests
- Verwalten von Ressourcen für wichtige Story-Meilensteine

- Tipps zur Vermeidung häufiger Fehler während der Kampagne
- Wann sollte man sich auf Satzreduzierung vs. Ausrüstungs-Upgrades konzentrieren?

Kapitel 6

Multiplayer und Online-Spiel

Der Mehrspielermodus in *Freedom Wars Remastered* verwandelt das Spiel in ein kooperatives und kompetitives Schlachtfeld, auf dem Teamwork, Strategie und Kommunikation im Vordergrund stehen. Egal, ob du dich mit Freunden zusammenschließt, um monströse Entführer zu besiegen, oder gegen andere Spieler um die Vorherrschaft antrittst, die Beherrschung der Feinheiten des Mehrspielermodus kann dein Spielerlebnis erheblich verbessern. Dieses Kapitel bietet einen umfassenden Leitfaden, wie Sie sowohl im Koop- als auch im Wettkampfmodus hervorragende Leistungen erbringen können.

Erste Schritte im Mehrspielermodus: Einrichtung und Tipps

Der Mehrspielermodus führt eine neue Ebene der Komplexität und Spannung ein, aber es erfordert Vorbereitung. Hier erfährst du, wie du loslegst und das Beste aus deinem Online-Erlebnis herausholst.

1. **Einrichten des Multiplayer-Modus**

    1. **Internetverbindung**

        - Sorgen Sie für eine stabile und schnelle Internetverbindung, um Latenzprobleme zu vermeiden.

        - Verwenden Sie kabelgebundene Verbindungen, um die beste Leistung zu erzielen, insbesondere in Spielen mit hohen Einsätzen.

    2. **Konto-Anforderungen**

        - Überprüfe die Anforderungen für den Online-Dienst deiner Plattform (z. B. PlayStation Plus).

        - Richte dein Spielprofil mit einem klaren und einprägsamen Benutzernamen ein.

    3. **Zugriff auf Multiplayer-Modi**

        - Navigieren Sie von der Hauptoberfläche aus zum Multiplayer-Menü.

        - Wähle zwischen Koop-Missionen, kompetitiven Modi oder benutzerdefinierten Lobbys.

4. **Vorbereitung der Charaktere**

    o Optimiere deine Charakterausrüstung, bevor du an Online-Sitzungen teilnimmst.

    o Rüste dich mit Ausrüstung aus, die zu der Mission oder dem Modus passt, den du gerade spielst.

2. **Multiplayer-Tipps für Anfänger**

1. **Klein anfangen**

    o Nimm an Missionen oder Matches mit niedrigem Schwierigkeitsgrad teil, um die Grundlagen zu erlernen.

    o Beobachte erfahrene Spieler, um die Teamdynamik zu verstehen.

2. **Rollen verstehen**

    o Experimentieren Sie mit verschiedenen Rollen (z. B. Schadensverursacher, Support), um Ihre Nische zu finden.

    o Passe deinen Spielstil an die Bedürfnisse des Teams an.

3. **Aus Niederlagen lernen**

- Analysieren Sie Verluste, um verbesserungswürdige Bereiche zu identifizieren.
- Lassen Sie sich von Teamkollegen oder Online-Foren beraten, um Tipps und Strategien zu erhalten.

4. **Bleiben Sie flexibel**
    - Sei bereit, während der Mission die Ausrüstung oder Taktik zu wechseln, um dich an wechselnde Situationen anzupassen.

Teamsynergie: Die besten Rollen und Strategien für das Koop-Spiel

Der Erfolg im kooperativen Mehrspielermodus hängt von der Teamsynergie ab. Die Rolle jedes Spielers und die Art und Weise, wie er mit der Gruppe interagiert, kann den Unterschied zwischen Triumph und Misserfolg ausmachen.

1. Rollen im Kernteam

1. **Schadens-Händler**
    - Fokus: Maximierung des Schadensausstoßes gegen Feinde und Entführer.

- Empfohlene Ausrüstung: Waffen mit hohem Schaden wie Scharfschützengewehre, Raketenwerfer oder Hämmer.
- Tipps:
  - Zielt auf Schwachstellen von Gegnern, um kritischen Schaden zuzufügen.
  - Bleibe mobil, um nicht zu viel Aufmerksamkeit von Feinden auf sich zu ziehen.

2. **Unterstützen**
   - Fokus: Heilung von Teamkameraden und Bereitstellung von Buffs.
   - Empfohlene Ausrüstung: Heilwaffen, Ausdauerverstärker und Dorn-Wiederaufladegegenstände.
   - Tipps:
     - Behalte die Gesundheits- und Ausdauerbalken deiner Teamkameraden im Auge.

- Positioniere dich abseits des direkten Kampfes, aber nah genug, um zu helfen.

3. **Panzer**
    - Fokus: Schaden absorbieren und die Aufmerksamkeit des Feindes auf sich ziehen.
    - Empfohlene Ausrüstung: Schwere Rüstung, Schilde und Massenkontrollwaffen.
    - Tipps:
        - Nutze Spottfähigkeiten oder Positionierung, um deine Feinde auf dich zu konzentrieren.
        - Kommuniziere mit Teamkameraden, um Angriffe zu koordinieren, während du die Aufmerksamkeit des Feindes auf dich ziehst.

4. **Spezialist für Crowd Control**
    - Fokus: Verwalte Gruppen kleinerer Feinde, um zu verhindern, dass sie das Team überwältigen.

- Empfohlene Ausrüstung: Schrotflinten, Flächenwaffen und Dornenfesseln.
- Tipps:
  - Priorisiere die Ausdünnung von Mobs, bevor du dich auf größere Bedrohungen konzentrierst.
  - Nutze das Gelände, um Feinde in Engpässe zu schleusen.

2. Aufbau von Teamsynergien

1. **Rollen-Koordination**
   - Stellen Sie sicher, dass das Team eine ausgewogene Zusammensetzung hat. Vermeiden Sie das Stapeln ähnlicher Rollen.
   - Kommunizieren Sie die Rollen, bevor Sie Missionen starten, um Verwirrung zu vermeiden.

2. **Gemeinsame Nutzung von Ressourcen**
   - Teile Verbrauchsgegenstände wie Gesundheitspakete oder Munition, wenn ein Teammitglied zur Neige geht.

- Koordiniert die Prioritäten bei der Herstellung, um sicherzustellen, dass jeder von den Missionsbelohnungen profitiert.

3. **Dorn-Nutzung**
    - Setze Dornen gemeinsam ein, um Feinde bewegungsunfähig zu machen oder Teamkameraden zu helfen.
    - Kombiniere Dorn-Fähigkeiten mit Teamangriffen, um maximalen Schaden zu erleiden.

3. Strategien für Koop-Missionen

1. **Teile und herrsche**
    - Teile Aufgaben unter Teammitgliedern auf, z. B. konzentriert sich ein Spieler auf das Sammeln von Ressourcen, während andere sich mit Feinden auseinandersetzen.

2. **Fokus Feuer**
    - Nimm denselben Feind ins Visier, um Bedrohungen schnell zu eliminieren.
    - Verwenden Sie Voice-Chat oder Markierungen, um Ziele zu bestimmen.

3. **Protokolle wiederbeleben**
   - Weist einen Teamkameraden als designierten Wiederbeleber zu, um sicherzustellen, dass gefallene Spieler sofort wieder in den Kampf zurückgebracht werden.

Kompetitiver Multiplayer: Rangaufstieg und Siege in Matches

Der kompetitive Mehrspielermodus in *Freedom Wars Remastered* bietet ein spannendes Gameplay mit hohen Einsätzen. Um dich zu übertreffen, musst du Taktiken beherrschen, dich an Gegner anpassen und die Ränge erklimmen.

1. Wettbewerbsmodi verstehen

1. **Gebietskontrolle**
   - Ziel: Erobere und halte strategische Punkte, um im Laufe der Zeit Punkte zu sammeln.
   - Strategie:
     - Teilen Sie das Team in Angriff und Verteidigung auf.

- Verwenden Sie Mobilitätsbuilds, um Punkte schnell zu erobern.

2. **Team-Deathmatch**
   - Ziel: Eliminiere gegnerische Spieler, um Punkte zu sammeln.
   - Strategie:
     - Haltet euch zusammen, um nicht einzeln abgegriffen zu werden.
     - Nehmt die schwächsten Gegner ins Visier, um das gegnerische Team zu stören.

3. **Ressourcen-Raubzüge**
   - Ziel: Sammle und sichere Ressourcen, während du das gegnerische Team abwehrst.
   - Strategie:
     - Weisen Sie bestimmte Spieler dem Sammeln und Verteidigen von Ressourcen zu.

- Fange feindliche Spieler ab, die versuchen, die Ressourcen deines Teams zu stehlen.

2. Ranglistensystem

1. So funktioniert das Ranking

- Sammeln Sie Punkte für Siege und individuelle Leistungen.
- Höhere Ränge schalten exklusive Belohnungen und das Recht zum Angeben frei.

2. Die Ränge erklimmen

- Konzentriere dich auf Teamwork und das Erreichen von Zielen und nicht auf einzelne Kills.
- Behalten Sie eine konstante Leistung bei, um eine Dynamik aufzubauen.

3. Tipps, um Spiele zu gewinnen

1. Map-Bewusstsein

- o Lerne die Layouts von kompetitiven Karten kennen, um feindliche Bewegungen zu antizipieren.
- o Nutzen Sie Engpässe und Anhöhen zu Ihrem Vorteil.

2. **Anpassungsfähigkeit**

    - o Wechsle die Ausrüstung, um bestimmte Gegner oder Strategien zu kontern.
    - o Bleibe unberechenbar, um das gegnerische Team im Unklaren zu lassen.

3. **Ausdauer- und Ressourcenmanagement**

    - o Spare Ausdauer für kritische Momente, wie z.B. Ausweichen oder Fliehen.
    - o Sammle während der Ausfallzeit Munition und Gesundheitspakete, um vorbereitet zu bleiben.

Kommunikationstipps für den Online-Erfolg

Effektive Kommunikation ist der Eckpfeiler des Erfolgs im Multiplayer-Modus. Eine klare und prägnante

Kommunikation stellt sicher, dass alle auf dem gleichen Stand sind und sich effektiv koordinieren können.

1. **Voice-Chat und Alternativen**
   1. **Best Practices für Voice-Chat**
      - Verwenden Sie ein Headset mit klarem Audio, um Missverständnisse zu vermeiden.
      - Konzentrieren Sie die Kommunikation auf das Spiel, um Ablenkungen zu minimieren.
   2. **Nonverbale Kommunikation**
      - Verwende In-Game-Marker, Pings oder Schnellbefehle, um Informationen weiterzuleiten.
      - Entwickeln Sie mit Teamkollegen ein System von Signalen für bestimmte Aktionen.

2. **Strategien für die Teamkommunikation**
   1. **Beschriftungen**
      - Melden Sie feindliche Standorte, Schwachstellen oder eingehende Bedrohungen.

- Verwenden Sie einfache Phrasen, um wichtige Informationen schnell zu vermitteln.

2. **Status-Updates**

    - Informiere deine Teamkollegen über deine Gesundheit, Munition oder deinen Ressourcenstatus.
    - Fordern Sie bei Bedarf Hilfe oder Vorräte an.

3. **Strategie-Abstimmung**

    - Besprich Pläne, bevor Missionen oder Spiele beginnen.
    - Passen Sie die Strategien während des Spiels basierend auf Leistung und Umständen an.

3. **Umgang mit schwierigen Situationen**

    1. **Umgang mit Missverständnissen**

        - Bleiben Sie ruhig und klären Sie Missverständnisse.
        - Konzentrieren Sie sich auf Lösungen, anstatt Schuldzuweisungen zu machen.

2. **Toxizität und Konflikt**

    o   Vermeide es, dich mit toxischen Spielern auseinanderzusetzen.

    o   Verwenden Sie bei Bedarf die Stummschaltungs- oder Blockierungsfunktionen, um den Fokus aufrechtzuerhalten.

Kapitel 8

Tipps und Tricks für Fortgeschrittene

Freedom Wars Remastered ist ein Spiel, das Meisterschaft, Strategie und Innovation belohnt. Um wirklich zu glänzen, musst du über die Grundlagen hinausgehen und fortschrittliche Techniken nutzen, um dein Gameplay zu optimieren. Egal, ob du Speedrun-Missionen absolvieren, die ultimative Ausrüstung zusammenstellen, feindliche Schwächen ausnutzen oder Herausforderungen meistern willst, dieses Kapitel stattet dich mit detaillierten Strategien aus, um deine Leistung auf ein Elite-Level zu heben.

Maximierung der Effizienz: Speedruns und Optimierungsstrategien

Beim Speedrunning in *Freedom Wars Remastered* geht es darum, Missionen so schnell und effizient wie möglich abzuschließen. Dies erfordert eine präzise Planung, optimierte Routen und die Beherrschung der Spielmechanik.

1. **Vorbereitung auf Speedruns**
   1. **Wähle das richtige Loadout**
      - Rüste dich mit leichter Rüstung aus, um die Beweglichkeit zu maximieren und den Ausdauerverlust zu reduzieren.
      - Wähle Waffen mit hohem Schaden, die Feinde und Entführer schnell eliminieren können.
   2. **Verbrauchsartikel**
      - Deckt euch mit Ausdauerboostern, Munitionspaketen und Heilgegenständen ein, um die Ausfallzeiten während der Missionen zu minimieren.
      - Verwenden Sie Thorn Recharge Kapseln, um Ihre Mobilität zu erhalten.
   3. **Routenplanung**
      - Machen Sie sich mit Missionskarten und -zielen vertraut.
      - Identifizieren Sie Abkürzungen und optimale Pfade, um die Reisezeit zu verkürzen.

2. Effizienz im Einsatz

1. **Fokussierung auf Ziele**
   - Priorisieren Sie geschäftskritische Aufgaben und vermeiden Sie unnötige Kämpfe.
   - Nutze die Minikarte, um die Orientierung zu behalten und Umwege zu vermeiden.

2. **Dorn-Mobilität**
   - Benutze den Dorn, um die Karte schnell zu durchqueren, besonders in vertikalen oder offenen Bereichen.
   - Greife dich an Feinden oder Gelände fest, um den Schwung aufrechtzuerhalten.

3. **Teamkoordination**
   - Weisen Sie im Mehrspielermodus Teamkollegen Rollen zu, um Aufgaben effizient aufzuteilen.
   - Kommunizieren Sie Ziele und Ziele klar, um Verwirrung zu vermeiden.

3. Optimierung nach der Mission

1. **Analysieren der Leistung**

- Überprüfen Sie Ihre Fertigstellungszeit und identifizieren Sie verbesserungswürdige Bereiche.
- Experimentiere mit verschiedenen Loadouts oder Strategien, um bessere Ergebnisse zu erzielen.

2. **Übe spezifische Missionen**

    - Besuche herausfordernde Missionen erneut, um deine Taktik zu verfeinern und die Abschlusszeiten zu verkürzen.
    - Verwende New Game+, um auf Missionen mit höherem Schwierigkeitsgrad zuzugreifen und zusätzliche Belohnungen zu erhalten.

High-Level-Builds: Anpassung für Elite-Spieler

High-Level-Builds sind unerlässlich, um die anspruchsvollsten Missionen zu meistern und im kompetitiven Mehrspielermodus zu dominieren. Diese Builds konzentrieren sich auf die Maximierung der Synergie zwischen Waffen, Rüstungen und Zubehör.

1. Aufbau einer effektiven Ausrüstung

1. **Waffen**
    - **Primär:** Wähle eine Waffe, die zu deinem Spielstil passt, z. B. ein Scharfschützengewehr für Präzision oder einen Hammer für rohen Schaden.
    - **Sekundärwaffe:** Ergänze deine Primärwaffe mit einer Sekundärwaffe, die ihre Schwächen abdeckt.
2. **Rüstung**
    - Passe deine Rüstung an die Anforderungen der Mission an. Rüste dich zum Beispiel mit einer Rüstung mit hoher Verteidigung für Bosskämpfe oder einer leichten Rüstung für Speedruns aus.
    - Verwende Mods, um bestimmte Werte zu verbessern, wie z. B. Elementarresistenz oder Ausdauerwiederherstellung.
3. **Zubehör**
    - Rüste dein Accessoire mit Ausrüstung aus, die zu deinem Build passt. Weisen Sie ihnen

zum Beispiel eine heilende Rolle zu, wenn Sie sich auf die Offensive konzentrieren.

- Verbessere ihre Ausrüstung, um sicherzustellen, dass sie in hochstufigen Missionen effektiv bleibt.

2. Spezialisierte Builds

1. **Schadens-Händler**
   - **Waffen:** Waffen mit hohem Schaden wie Raketenwerfer oder schwere Klingen.
   - **Rüstung:** Mittlere oder schwere Panzerung für Überlebensfähigkeit.
   - **Mods:** Konzentriere dich auf kritischen Schaden, Angriffsgeschwindigkeit und Elementarboni.

2. **Support-Spezialist**
   - **Waffen:** Heilwaffen oder Kontrollgeräte.
   - **Rüstung:** Leichte Rüstung für Mobilität.
   - **Mods:** Verbessert die Heilungseffektivität und verkürzt die Abklingzeiten.

3. **Panzer**

- **Waffen:** Schilde oder Flächenwaffen.
- **Rüstung:** Schwere Panzerung für maximale Verteidigung.
- **Mods:** Erhöht die Gesundheit und reduziert den Ausdauerverbrauch.

4. **Hybrid**
   - **Waffen:** Ausgewogene Ausrüstung, die Fernkampf- und Nahkampfoptionen kombiniert.
   - **Rüstung:** Mittlere Rüstung für Vielseitigkeit.
   - **Mods:** Optimieren Sie Ausdauer und Nachladegeschwindigkeit.

3. Erweiterte Mod-Nutzung

1. **Stapel-Effekte**
   - Kombinieren Sie Mods mit ähnlichen Effekten für exponentielle Gewinne. Zum Beispiel stapelbare Schadens- und kritische Chancen-Mods für einen mächtigen offensiven Build.

2. **Elementare Synergie**
   - Rüste Mods aus, die die elementaren Schwächen des Feindes ausnutzen.
   - Setze Waffen mit komplementären Elementarschadensarten ein, um maximale Wirkung zu erzielen.
3. **Flexibilität**
   - Halten Sie eine Vielzahl von Mods bereit, um sich an verschiedene Missionen anzupassen.

Schwächen ausnutzen: Feinde, Entführer und Bosse

Seinen Feind zu kennen, ist die halbe Miete. Das Erkennen und Ausnutzen von Schwachstellen ist entscheidend für ein effizientes Kampf- und Ressourcenmanagement.

1. Gegnertypen verstehen

1. **Grundlegende Feinde**
   - Schwachstellen: Typischerweise ungepanzerte Bereiche oder freiliegende Kerne.

- Strategie: Setze Massenkontrollwaffen oder Flächenangriffe ein, um Gruppen schnell zu eliminieren.

2. **Gegner der mittleren Stufe**

    - Schwachstellen: Panzerung oder bestimmte Gliedmaßen.

    - Strategie: Ziele auf Gliedmaßen, um ihre Angriffe zu deaktivieren und ihre Beweglichkeit zu verringern.

3. **Entführer**

    - Schwachstellen: Energiekerne, Gelenke oder Waffen.

    - Strategie: Setze Dornenfesseln ein, um sie bewegungsunfähig zu machen und Schwachstellen direkt anzugreifen.

2. Elementare Schwächen

1. **Feuer**

    - Effektiv gegen organische Feinde.

    - Verwende flammenbasierte Waffen für hohen Schaden.

2. **Eis**
   - Verlangsamt die Bewegung von Gegnern und kontert feuerbasierte Gegner.
   - Ideal für Massenkontrolle und Bosskämpfe.
3. **Elektrizität**
   - Effektiv gegen mechanisierte Feinde.
   - Zum Betäuben von Entführern und zum Deaktivieren ihrer Angriffe.

3. **Fortgeschrittene Taktiken für Bosskämpfe**
   1. **Muster studieren**
      - Beobachte die Angriffsmuster von Bossen, um sie zu antizipieren und effektiv auszuweichen.
      - Identifizieren Sie Momente der Verwundbarkeit, um Gegenangriffe zu starten.
   2. **Verwendung von Dornen**
      - Nutze den Dorn, um Bosse zu erklimmen und schwer zugängliche Schwachstellen anzugreifen.

- Koordiniere dich mit Teamkameraden, um Bosse in Schach zu halten und den Schaden zu maximieren.

3. **Teamkoordination**
    - Weisen Sie Teammitgliedern Rollen zu, z. B. Schadensverursacher, Unterstützer und Massenkontrolle.
    - Konzentriere das Feuer auf Schwachstellen, um Bosse ins Taumeln zu bringen oder außer Gefecht zu setzen.

Fehlerbehebung bei häufigen Herausforderungen und Frustrationen

Selbst erfahrene Spieler stoßen in *Freedom Wars Remastered auf Hindernisse*. Hier erfahren Sie, wie Sie einige der häufigsten Herausforderungen meistern können.

1. Ressourcenknappheit

1. **Lösung:**
    - Konzentriere dich auf Missionen mit hohen Ressourcenbelohnungen.

- Nutze den Mehrspielermodus, um auf gemeinsam genutzte Beutepools zuzugreifen und effizient zu farmen.

2. **Trinkgeld:**

- Priorisiere das Aufrüsten wichtiger Ausrüstung, um Ressourcenverschwendung zu vermeiden.

2. Schwierige Bosskämpfe

1. **Lösung:**

- Studiere die Boss-Mechaniken und passe deine Ausrüstung entsprechend an.
- Verwende Verbrauchsmaterialien wie Gesundheitspakete und Dorn-Aufladekapseln großzügig.

2. **Trinkgeld:**

- Übe bestimmte Bosskämpfe in Missionen mit niedrigerem Schwierigkeitsgrad, um ihre Muster zu lernen.

3. Multiplayer-Verbindungsabbrüche

1. **Lösung:**

- Sorgen Sie für eine stabile Internetverbindung und verwenden Sie nach Möglichkeit kabelgebundene Setups.
- Vermeide Matches mit hohem Ping, indem du Server oder Teamkollegen in der Nähe auswählst.

2. **Trinkgeld:**

   - Verwenden Sie Schnellbefehle und Marker, um die Kommunikation aufrechtzuerhalten, wenn der Voice-Chat fehlschlägt.

4. Ermüdung beim Schleifen

1. **Lösung:**

   - Wechsle zwischen verschiedenen Missionstypen, um das Gameplay frisch zu halten.
   - Setze dir kurzfristige Ziele, wie z. B. die Herstellung eines bestimmten Gegenstands oder das Erreichen eines Rangmeilensteins.

2. **Trinkgeld:**

- Nimm an Multiplayer-Sitzungen teil, um die Arbeitslast zu teilen und die Landwirtschaft angenehmer zu gestalten.

Kapitel 9

Freischaltbare Gegenstände und Erfolge

Freischaltbare Gegenstände und Erfolge sind das Lebenselixier von *Freedom Wars Remastered* für Spieler, die eine 100%ige Fertigstellung anstreben. Egal, ob es darum geht, Trophäen zu verdienen, seltene Gegenstände zu erwerben oder verborgene Geheimnisse aufzudecken, dieses Kapitel bietet einen umfassenden Leitfaden zum Meistern aller freischaltbaren Gegenstände und Erfolge. Wenn du dieser Roadmap folgst, wirst du nicht nur den Nervenkitzel der Entdeckungen genießen, sondern dir auch das Recht verdienen, als engagierter Spieler zu prahlen.

Umfassende Checkliste der freischaltbaren Gegenstände

Die freischaltbaren Gegenstände in *Freedom Wars Remastered* reichen von Waffen und Rüstungen bis hin zu kosmetischen Upgrades und versteckten Story-Elementen. Zu wissen, was Sie freischalten und wie Sie es effizient tun können, ist für die Maximierung Ihrer Erfahrung unerlässlich.

1. **Waffen**

    1. **Grundlegende Waffenfreischaltungen**
        - Erworben durch Hauptstory-Missionen und frühe Handwerksrezepte.
        - Beispiele: Einfache Gewehre, Schwerter und Dornaufsätze.

    2. **Fortschrittliche Waffen**
        - Freigeschaltet durch das Abschließen bestimmter Missionen mit hohem Schwierigkeitsgrad oder Nebenquests.
        - Beispiele: Elementarwaffen (Feuer, Eis, Elektrowaffen).

    3. **Einzigartige und legendäre Waffen**
        - Belohnungen für das Besiegen seltener Entführer oder das Abschließen von Multiplayer-Events.
        - Beispiele: Die "Inferno-Klinge" oder das "Plasmagewehr Mk III".

2. **Rüstung**

   1. **Standard-Panzerungssets**
      - Erhältlich in der Hauptkampagne und in der grundlegenden Handwerkskunst.
      - Beispiele: Leichte, mittlere und schwere Panzerungsvarianten.

   2. **Spezialisierte Rüstung**
      - Verdient durch Fraktionsmissionen oder seltene Beute.
      - Beispiele: Feuerfeste Panzerung, Sets mit hoher Mobilität.

   3. **Anpassbare Panzerung**
      - Freigeschaltet durch das Sammeln seltener Materialien und deren Kombination mit Handwerksrezepten.
      - Verfügt über austauschbare Komponenten für personalisierte Builds.

3. **Zubehör**

   1. **Zubehör-Upgrades**

- Schalte neue Fähigkeiten und Anpassungsoptionen für deinen KI-Begleiter frei.
- Erworben durch Missionsbelohnungen und Handwerk.

2. **Kosmetisches Zubehör**
   - Freigeschaltet durch optionale Missionen, Multiplayer-Events oder Handel.
   - Beispiele: Einzigartige Farbschemata oder thematische Designs.

4. Kosmetik

1. **Gegenstände zur Charakteranpassung**
   - Frisuren, Outfits und Farbpaletten, die durch Missionsbelohnungen freigeschaltet werden können.

2. **Kosmetika zum Thema Fraktionen**
   - Einzigartige Designs für die Loyalität zu bestimmten Fraktionen.
   - Beispiele: Panoptikum-spezifische Embleme oder Rüstungsaufkleber.

5. **Versteckte Inhalte**

   1. **Lore und Zwischensequenzen**

      o Freigeschaltet durch das Abschließen von Nebenquests und das Finden versteckter Sammlerstücke.

      o Bietet einen tieferen Einblick in die Geschichte und die Charaktere.

   2. **Geheime Missionen**

      o Ausgelöst durch das Erfüllen bestimmter Bedingungen, wie z. B. das Abschließen einer Reihe verwandter Missionen oder die Interaktion mit NPCs.

Trophäen und Erfolge verdienen: Tipps und Strategien

Erfolge und Trophäen in *Freedom Wars Remastered* belohnen Geschicklichkeit, Erkundung und Ausdauer. In diesem Abschnitt werden die wichtigsten Kategorien detailliert beschrieben und Tipps gegeben, wie Sie sie effizient verdienen können.

1. Storybasierte Erfolge

1. **Meilensteine der Kampagne**
    - Wird automatisch freigeschaltet, indem du Hauptstory-Missionen abschließt.
    - Beispiele: "Der Anfang der Freiheit" (schließe den Prolog ab), "Fraktionstreue" (schließe dich einer Fraktion an).

2. **Endgame-Trophäen**
    - Verdient durch das Beenden der Kampagne oder das Freischalten alternativer Enden.
    - Beispiel: "Der Weg zur Erlösung" (schließe die Hauptkampagne ab).

Tipps für den Erfolg

- Folgen Sie der Hauptkampagne Schritt für Schritt, um diese auf natürliche Weise freizuschalten.
- Nutzen Sie die Story-Komplettlösung dieses Guides, um sicherzustellen, dass Sie keine wichtigen Missionen verpassen.

2. **Erfolge im Kampf**

1. **Entführer-spezifische Trophäen**

- Verdient durch das Besiegen bestimmter Arten von Entführern.
- Beispiel: "Colossus Crusher" (besiege den Titan Abductor).

2. **Kill-Serien**
   - Erfolge für die Eliminierung mehrerer Feinde innerhalb kurzer Zeit.
   - Beispiel: "Schnelle Vernichtung" (besiege 10 Feinde in weniger als 30 Sekunden).

Tipps für den Erfolg

- Setze Flächenwaffen ein, um die Effizienz in Gruppenkämpfen zu maximieren.
- Konzentriere dich auf Schwachstellen, um schneller zu töten.

3. Multiplayer-Erfolge

1. **Koop-Missionen**
   - Erfolge für das Abschließen von Multiplayer-Missionen mit Teamkollegen.
   - Beispiel: "Vereinte Front" (schließe 10 Koop-Missionen ab).

2. **PvP-Erfolg**
    - Verdient durch hervorragende Leistungen im kompetitiven Mehrspielermodus.
    - Beispiel: "Dominanz hergestellt" (erreiche den höchsten Rang im PvP).

Tipps für den Erfolg

- Koordinieren Sie sich mit Ihrem Team, um den Missionserfolg zu maximieren.
- Verwenden Sie Voice-Chat oder Schnellbefehle für eine bessere Kommunikation.

4. Errungenschaften bei der Erkundung und Sammlung

1. **Lore-Sammlerstücke**
    - Zu finden an versteckten Orten auf den Missionskarten.
    - Beispiel: "Archivar" (sammle alle Lore-Teile).

2. **Vervollständigung der Karte**
    - Verdient, indem du alle verfügbaren Gebiete vollständig erkundest.

- Beispiel: "Der Entdecker" (lüfte die Geheimnisse jeder Missionskarte).

Tipps für den Erfolg

- Erkunde jeden Missionsbereich gründlich, bevor du deine Ziele erfüllst.
- Setze deinen Dorn ein, um schwer zugängliche Orte zu erreichen.

5. Erfolge mit hohem Schwierigkeitsgrad

1. **Herausforderungs-Missionen**
   - Verdient durch das Abschließen von Missionen auf dem höchsten Schwierigkeitsgrad.
   - Beispiel: "Meister der Arena" (schließe alle Herausforderungsmissionen ab).

2. **Speedrun-Erfolge**
   - Belohnungen für das Abschließen von Missionen innerhalb strenger Zeitlimits.
   - Beispiel: "Speed Demon" (eine Mission in weniger als 5 Minuten abschließen).

Tipps für den Erfolg

- Optimiere deine Ausrüstung für Effizienz und Mobilität.
- Übe bestimmte Missionen, um deine Zeit zu verbessern.

Seltene Gegenstände und Geheimnisse: Wie man sie erhält

Seltene Gegenstände und versteckte Geheimnisse verleihen *Freedom Wars Remastered Tiefe und Wiederspielwert.* In diesem Abschnitt erfahren Sie, wie Sie diese wertvollen Assets finden und freischalten.

1. Seltene Handwerksmaterialien

1. **Elite-Entführer besiegen**
   - Seltene Feinde lassen einzigartige Materialien fallen, die für hochstufiges Crafting benötigt werden.
2. **Umgebungs-Knoten**
   - Versteckte Ressourcenknoten auf Karten liefern seltene Materialien.
   - Benutze deinen Dorn, um schwer zugängliche Bereiche zu erreichen.

3. **Multiplayer-Missionen**
    - Koop-Missionen haben oft bessere Beutepools als Solo-Missionen.

Beispiel: "Prismatischer Kern" (erforderlich für legendäre Waffen).

2. Versteckte Waffen

1. **Einzigartige Waffenbaupläne**
    - Gefunden durch das Abschließen optionaler Missionen oder das Besiegen geheimer Bosse.

2. **Fraktionsspezifische Waffen**
    - Freigeschaltet durch Loyalität und Ruf bei einer bestimmten Fraktion.

Beispiel: "Ätherische Klinge" (eine Belohnung für das Maximieren der Fraktionsloyalität).

3. Geheime Missionen

1. **Trigger-Bedingungen**
    - Interagiere mit bestimmten NPCs oder schließe Missionsketten ab, um versteckte Missionen freizuschalten.

2. **Belohnungen**
    - Exklusive Gegenstände, Story-Zwischensequenzen und Erfolge.

Beispiel: "Mission "Verlorenes Vermächtnis" (schaltet seltene Gegenstände und Trophäen frei).

4. Ostereier

1. **Spezielle Wechselwirkungen**
    - Einzigartige Dialoge oder Szenen, die durch die Interaktion mit bestimmten Charakteren oder Objekten ausgelöst werden.

2. **Kosmetische Freischaltungen**
    - Lustige Gegenstände wie thematische Kostüme oder Waffen-Skins.

Beispiel: "Panoptikum-Emblem" (verdient durch das Abschließen aller fraktionsbezogenen Nebenquests).

Kapitel 10

FAQs und häufige Probleme

Freedom Wars Remastered ist ein komplexes und fesselndes Spiel, das sowohl neue als auch wiederkehrende Spieler vor Herausforderungen und Fragen stellen kann. Egal, ob du technische Probleme beheben musst, Gameplay-Tipps suchst oder dich mit den überarbeiteten Änderungen auseinandersetzt, dieses Kapitel bietet detaillierte Lösungen und Strategien, um die häufigsten Probleme zu lösen.

Häufig gestellte Fragen: Lösen von Spielerproblemen

1. **Allgemeine FAQs zum Gameplay**

    1. **F: Wie kann ich meine Strafe schnell reduzieren?**

        o **A:** Konzentriere dich auf die Hauptstory-Missionen, die erhebliche Reduzierungen mit sich bringen. Nebenquests, das Sammeln von Ressourcen und das Besiegen von Entführern tragen ebenfalls dazu bei.

Multiplayer-Missionen bringen oft bessere Belohnungen und Strafreduzierungen.

2. **F: Was ist der beste Weg, um Ressourcen zu verdienen?**

    o **A:** Wiederhole Missionen mit hochergiebigen Drops, vor allem solche mit seltenen Entführern. Nutze Multiplayer-Missionen, um gemeinsame Belohnungen zu erhalten, und erkunde Karten gründlich nach versteckten Ressourcenknoten.

3. **F: Wie schalte ich fortschrittliche Waffen und Rüstungen frei?**

    o **A:** Schließe Missionen mit hohem Schwierigkeitsgrad ab und sammle seltene Materialien von Elite-Entführern. Nutze Fraktionsmissionen, um exklusive Ausrüstungs- und Waffenbaupläne freizuschalten.

4. **F: Kann ich alleine spielen, oder ist ein Mehrspielermodus erforderlich?**

    o **A:** Du kannst das gesamte Spiel alleine abschließen, aber der Mehrspielermodus bietet einen schnelleren Fortschritt, bessere Belohnungen und ein verbessertes Gameplay durch Teamwork.

5. **F: Gibt es geheime Enden?**
    - **A:** Ja, das Abschließen bestimmter Nebenmissionen und das Aufrechterhalten der Fraktionsloyalität können versteckte Zwischensequenzen oder alternative Story-Ergebnisse freischalten.

2. Häufig gestellte Fragen zum Multiplayer

1. **F: Wie kann ich an Multiplayer-Missionen teilnehmen?**
    - **A:** Greife über das Hauptmenü auf den Mehrspielermodus zu und wähle den Koop- oder den Wettkampfmodus. Stellen Sie sicher, dass Ihre Internetverbindung stabil ist und Sie alle Anforderungen an den Online-Dienst erfüllen.

2. **F: Warum habe ich Probleme, Übereinstimmungen zu finden?**

- A: Überprüfe deine Matchmaking-Einstellungen, da Regions- oder Ranglistenfilter die verfügbaren Spiele einschränken können. Durch das Erweitern dieser Optionen kann die Verfügbarkeit von Übereinstimmungen erhöht werden.

3. **F: Was ist, wenn meine Teamkollegen nicht kooperativ sind?**

    - A: Verwenden Sie Schnellbefehle und Marker, um effektiv zu kommunizieren. Wenn Teamkollegen nicht reagieren, konzentriere dich darauf, deine Ziele selbstständig zu erreichen.

3. Technische FAQs

1. **F: Kann ich meinen Fortschritt aus dem Originalspiel übertragen?**

    - A: Die Fortschrittsübertragung wird nicht unterstützt. Die Remastered-Version wird als eigenständiges Spiel behandelt, bei dem die Spieler neu anfangen müssen.

2. **F: Enthält das Remaster alle DLCs?**

- A: Ja, *Freedom Wars Remastered* enthält alle zuvor veröffentlichten DLCs und zusätzliche Inhalte, die exklusiv für das Remaster verfügbar sind.

3. **F: Auf welchen Plattformen ist das Spiel verfügbar?**
    - A: Überprüfen Sie die offizielle Website oder die Store-Einträge auf die neueste Verfügbarkeit der Plattform. Es wird in der Regel auf den wichtigsten Plattformen veröffentlicht, einschließlich Konsolen und PC.

Leitfaden zur Problembehandlung: Konnektivität, Leistung und Fehler

Technische Probleme können das Gameplay stören, aber die meisten Probleme können mit einfachen Schritten zur Fehlerbehebung behoben werden.

1. Probleme mit der Konnektivität

1. **Problem:** Der Mehrspielermodus wird häufig getrennt.

- **Lösung:**
  - Sorgen Sie für eine stabile Internetverbindung; Verwenden Sie nach Möglichkeit eine Kabelverbindung.
  - Starten Sie Ihren Router neu und minimieren Sie die Bandbreitennutzung durch andere Geräte.
  - Überprüfen Sie, ob Serverwartung oder -ausfälle vorliegen.

2. **Problem:** Hohe Latenz oder Verzögerung während des Online-Spiels.

    - **Lösung:**
      - Wähle eine Matchmaking-Region aus, die näher an deinem Standort liegt.
      - Schließen Sie Hintergrundanwendungen, die Bandbreite verbrauchen.

- Aktivieren Sie den Performance-Modus auf Ihrer Gaming-Plattform.

2. Leistungsprobleme

1. **Problem:** Niedrige Bildraten oder Stottern.

    o **Lösung:**

    - Niedrigere Grafikeinstellungen im Optionsmenü.
    - Stellen Sie sicher, dass Ihr System die empfohlenen Spezifikationen des Spiels erfüllt.
    - Aktualisieren Sie Ihre Grafiktreiber und schließen Sie nicht benötigte Anwendungen.

2. **Problem:** Das Spiel stürzt ab oder friert ein.

    o **Lösung:**

    - Überprüfen Sie die Spieldateien (auf dem PC) oder installieren Sie das Spiel neu, wenn die Probleme weiterhin bestehen.

- Stellen Sie sicher, dass die Software Ihrer Plattform auf dem neuesten Stand ist.
- Löschen Sie Cache-Daten und geben Sie Speicherplatz frei.

3. Fehlerbehebungen

1. **Problem:** Missionen werden nicht korrekt ausgeführt.
    - **Lösung:**
        - Starten Sie die Mission neu oder laden Sie eine vorherige Speicherdatei neu.
        - Suchen Sie nach Updates, da Entwickler häufig bekannte Probleme patchen.

2. **Problem:** Gegenstände oder Belohnungen werden nach Missionen nicht angezeigt.
    - **Lösung:**
        - Überprüfe deinen Lagerbestand, um sicherzustellen, dass Artikel nicht automatisch hinzugefügt wurden.

- Melden Sie hartnäckige Probleme dem Support-Team des Spiels.

Tipps für Einsteiger: Fehltritte vermeiden

Neue Spieler stoßen oft auf häufige Fallstricke, die den Fortschritt verlangsamen oder den Spaß beeinträchtigen können. Befolgen Sie diese Tipps, um stark zu starten.

1. Priorisieren Sie das Erlernen der Grundlagen

- Schließe die Tutorial-Missionen ab, um die Kernmechaniken wie Kampf, Ressourcensammeln und Crafting zu verstehen.
- Verbringe Zeit damit, mit verschiedenen Waffen und Ausrüstungsgegenständen zu experimentieren, um deinen bevorzugten Spielstil zu finden.

2. Ressourcen mit Bedacht verwalten

- Vermeide es, zu Beginn des Spiels Ressourcen für unnötige Upgrades auszugeben. Konzentriere dich zuerst auf deine Hauptwaffe und Rüstung.
- Spare seltene Materialien für die Herstellung hochstufiger Ausrüstung.

3. Nutze den Dorn effektiv

- Meistere die Mobilität von Thorn, um schnell auf Karten zu navigieren und auf hochwertige Gebiete zuzugreifen.

- Setze den Dorn im Kampf ein, um Feinde in Schach zu halten und Öffnungen für Angriffe zu schaffen.

4. Erkunden Sie Karten gründlich

- Versteckte Ressourcen und Überlieferungsteile sind über die Missionsbereiche verstreut. Erkunde jede Ecke, um die Belohnungen zu maximieren.

- Nutze die Minikarte und die Umgebungsmarkierungen, um potenzielle Beutepunkte zu identifizieren.

5. Ignoriere Nebenmissionen nicht

- Nebenmissionen bieten wertvolle Belohnungen, darunter Handwerksmaterialien und Strafverkürzungen.

- Das frühzeitige Abschließen von Nebenmissionen kann die Hauptstory-Missionen erleichtern.

Wiederkehrende Spieler: Anpassung an die Remastered-Änderungen

Für Spieler, die mit dem ursprünglichen *Freedom Wars* vertraut sind, führt die Remastered-Version einige Änderungen ein, die möglicherweise eine Anpassung erfordern.

1. Verbesserte Grafik und Leistung

- Das Remaster bietet eine verbesserte Grafik und eine flüssigere Leistung. Nimm dir Zeit, um die aktualisierten Umgebungen und Charaktermodelle zu bewundern.

- Passen Sie die Grafikeinstellungen an, um Leistung und Qualität auf Ihrem System in Einklang zu bringen.

2. Verbesserung der Lebensqualität

- Menüs und Steuerelemente wurden für eine einfachere Navigation optimiert. Machen Sie sich mit der aktualisierten Benutzeroberfläche vertraut.

- KI-Gefährten (Zubehör) sind effektiver und machen das Solospiel flüssiger.

3. Neu ausbalanciertes Gameplay

- Die Waffen- und Rüstungswerte wurden angepasst, um die Balance zu verbessern. Bewerte deine

Loadouts neu, um sicherzustellen, dass sie effektiv bleiben.

- Die gegnerische KI ist herausfordernder und erfordert ausgefeilte Taktiken und Teamwork.

4. Neue Inhalte

- Entdecke zusätzliche Missionen, Waffen und Anpassungsoptionen, die es nur in der remasterten Version gibt.

- Besuche den Mehrspielermodus für erweiterte Modi und Events.

5. Gehen Sie den Fortschritt frisch an

- Auch wenn das Remaster vertraut ist, sollten Sie es als eine neue Erfahrung betrachten.

- Experimentiere mit verschiedenen Fraktionen, Builds und Strategien, um neue Möglichkeiten zu entdecken.

Abschließende Tipps für alle Spieler

- Speichern Sie Ihren Fortschritt regelmäßig, um wertvolle Fortschritte nicht zu verlieren.

- Treten Sie der Online-Community des Spiels bei, um Tipps, Updates und Multiplayer-Sitzungen zu erhalten.

- Bleiben Sie geduldig und hartnäckig – Meisterschaft kommt mit Zeit und Übung.

Kapitel 11

Community und Online-Ressourcen

Wenn du dich mit der Community von *Freedom Wars Remastered verbindest* , kannst du dein Spielerlebnis erheblich verbessern. Wenn du dich mit anderen Spielern austauschst, kannst du Strategien austauschen, fortgeschrittene Techniken erlernen und über die neuesten Entwicklungen im Spiel auf dem Laufenden bleiben. Dieses Kapitel bietet eine Anleitung zum Beitritt zur Community, zum Erkunden von Mods und Anpassungsoptionen und zur Nutzung externer Ressourcen, um das Spiel zu meistern.

Werde Teil der Freedom Wars-Community: Foren und soziale Kanäle

Die *Community von Freedom Wars* ist lebendig, einladend und voller Spieler, die ihr Fachwissen gerne mit uns teilen möchten. Von Foren bis hin zu sozialen Plattformen gibt es zahlreiche Möglichkeiten, sich zu engagieren.

1. Warum der Community beitreten?

- **Lernen Sie von Experten:** Gewinnen Sie Einblicke von erfahrenen Spielern, die das Spiel beherrschen.

- **Teamkollegen finden:** Verbinde dich mit Spielern für Koop-Missionen oder kompetitive Multiplayer-Missionen.

- **Bleiben Sie auf dem Laufenden:** Erhalten Sie Neuigkeiten zu Patches, Updates und Events direkt von der Community.

- **Teilen Sie Ihre Erfolge:** Präsentieren Sie Ihre Builds, Errungenschaften und Strategien.

2. Beliebte Community-Plattformen

1. **Offizielle Foren**

    - Viele Entwickler unterhalten offizielle Foren, in denen Spieler Fragen stellen, Probleme melden und Strategien diskutieren können.

    - **Beispiel:** Besucht die *offizielle Website von Freedom Wars Remastered* für Ankündigungen und Diskussionen.

2. **Reddit-Gemeinschaften**

- Subreddits, die sich mit *Freedom Wars befassen*, sind Schatzkammern voller Tipps, Memes und von Spielern erstellter Inhalte.
- **Empfohlene Subreddits:**
  - r/FreedomWars (für allgemeine Diskussionen und Updates).
  - r/FreedomWarsBuilds (konzentriert sich auf Charakter-Builds und Loadouts).

3. **Discord-Server**
   - Discord-Server ermöglichen die Echtzeit-Kommunikation mit Mitspielern.
   - **Funktionen:**
     - Voice-Chat für Multiplayer-Sitzungen.
     - Dedizierte Kanäle für Tipps, Handel und Fehlerbehebung.

4. **Social-Media-Gruppen**

- Plattformen wie Facebook und Twitter hosten Gruppen und Seiten für *Freedom Wars-Fans* .
- **Anwendungsfall: Folgen** Sie diesen Gruppen für Community-Events, Fan-Art und schnelle Updates.

5. **YouTube und Twitch**

   - Sieh dir Gameplay-Videos und Live-Streams an, um Strategien, Komplettlösungen und Unterhaltung zu erleben.
   - **Top-Content-Ersteller:** Suche nach Entwicklern, die sich auf *Freedom Wars Remastered spezialisiert haben.*

3. Vorteile der Teilnahme an Foren und sozialen Medien

- **Problemlösung:** Behebe Probleme, indem du dich von erfahrenen Spielern beraten lässt.
- **Event-Teilnahme:** Nimm an von der Community organisierten Multiplayer-Events und Wettbewerben teil.

- **Mod und Customization Sharing:** Tausche Ideen für Charakteranpassungen oder Mods aus.

Empfohlene Mods und Anpassungsoptionen (falls unterstützt)

Während *Freedom Wars Remastered* Mods nicht offiziell unterstützt, entwickelt die Community oft Verbesserungen, die das Gameplay verbessern. Stellen Sie immer sicher, dass die Mods kompatibel sind und den Nutzungsbedingungen des Spiels entsprechen.

1. **Dienstprogramm-Mods**
    1. **Leistungssteigernde Mittel**
        - Mods, die die Bildraten verbessern oder grafische Störungen reduzieren.
        - **Beispiel:** Optimierungen, um das Spiel für Low-End-Systeme zu optimieren.
    2. **Verbesserungen der Benutzeroberfläche**
        - Mods, die Menüs verfeinern, Kurzbefehle hinzufügen oder die Lesbarkeit des HUD verbessern.

- **Beispiel:** Vereinfachte Bestandsverwaltung oder verbesserte Sichtbarkeit auf der Minikarte.

2. Kosmetische Mods

1. **Charakter-Anpassung**
   - Zusätzliche Frisuren, Outfits oder Farbschemata.
   - **Beispiel:** Fraktionsspezifische Kostüme oder thematische Skins.

2. **Waffen-Skins**
   - Einzigartige Designs für Waffen, um deine Ausrüstung zu personalisieren.
   - **Beispiel:** Leuchteffekte oder Waffenlackierungen mit Fraktionsmotiven.

3. Gameplay-Mods

1. **Anpassungen des Schwierigkeitsgrads**
   - Mods, die das Spiel je nach Vorliebe schwieriger oder einfacher machen.
   - **Beispiel:** Erhöhte Gesundheit des Entführers für ein herausforderndes Erlebnis.

2. **Verbesserte KI**

    o Verbesserungen am Verhalten der KI von Gefährten oder Gegnern.

    o **Beispiel:** Strategischere Aktionen aus dem Zubehörbereich.

4. **Wo finde ich Mods?**

    1. **Modding-Gemeinschaften**

        o Überprüfen Sie Plattformen wie Nexus Mods oder ModDB auf *Freedom Wars-Verbesserungen*.

        o Lesen Sie vor der Installation immer die Mod-Beschreibungen und Bewertungen.

    2. **Community-Foren**

        o Tauschen Sie sich mit Mod-Entwicklern und Enthusiasten aus, um Unterstützung und Feedback zu erhalten.

    3. **Richtlinien für sicheres Modding**

        o Sichern Sie Ihre Speicherdateien, bevor Sie Mods installieren.

- o Vermeiden Sie Mods, die mit dem Online-Multiplayer-System des Spiels in Konflikt stehen, um Sperren zu vermeiden.

Links zu externen Ressourcen für fortgeschrittene Strategien

Externe Ressourcen können von unschätzbarem Wert für Spieler sein, die ihre Fähigkeiten verfeinern und jede Facette des Spiels erkunden möchten.

1. Strategie-Leitfäden

1. **Umfassende exemplarische Vorgehensweisen**

    - o Websites wie GameFAQs oder IGN hosten oft detaillierte Anleitungen für Missionen, Bosskämpfe und Crafting.
    - o **Beispiel:** Eine Schritt-für-Schritt-Anleitung, um Ihre Strafe effizient zu reduzieren.

2. **Von Spielern erstellte Ressourcen**

    - o Community-betriebene Wikis bieten detaillierte Informationen über Waffen, Rüstungen und Feinde.
    - o **Empfohlenes Wiki:** *Freedom Wars Wiki.*

2. **Optimierer erstellen**
   1. **Loadout-Rechner**
      - Tools, die Spielern helfen, optimierte Builds zu planen, indem sie Waffenwerte, Rüstungsboni und Mod-Effekte simulieren.
   2. **Diskussionen in der Community**
      - Foren und Reddit-Threads, in denen hochstufige Builds für verschiedene Spielstile geteilt werden.

3. **Video-Tutorials**
   1. **YouTube-Wiedergabe**
      - Sieh dir Tutorials für bestimmte Missionen, Boss-Strategien oder Multiplayer-Tipps an.
      - **Empfohlene Kanäle:** Suche nach Content Creators, die sich auf *Freedom Wars Remastered* spezialisiert haben.
   2. **Fortgeschrittene Kampftechniken**
      - Videos, die hochstufige Gameplay-Mechaniken wie Luftkämpfe oder Dornenmeisterschaft demonstrieren.

4. **Multiplayer-Ressourcen**

   1. **Co-op-Strategien**

      - Online-Guides, in denen die Teamzusammensetzung, Missionsziele und Belohnungen detailliert beschrieben werden.
      - **Beispiel:** Ein fraktionsbasierter Koop-Missionsleitfaden.

   2. **PvP-Tipps**

      - Die Ressourcen konzentrieren sich auf kompetitive Multiplayer-Strategien, Ranglistensysteme und Meta-Analysen.

Abschließende Tipps zur Nutzung von Community und Ressourcen

1. **Aktiv sein**

   - Nehmen Sie an Diskussionen teil, teilen Sie Ihre Fortschritte und tragen Sie zum Wissen der Community bei.

2. **Bleiben Sie auf dem Laufenden**

- Informieren Sie sich regelmäßig in Foren und sozialen Medien über Ankündigungen zu Updates, Events und Patches.

3. **Einhaltung der Gemeinschaftsvorschriften**
    - Befolge die Richtlinien für Diskussionen und die Verwendung von Mods, um ein positives und konstruktives Umfeld zu erhalten.

Anhang

Der Anhang dient als Kurzanleitung für Spieler und bietet Definitionen, detaillierte Statistiken und praktische Diagramme, um das Gameplay zu vereinfachen. Egal, ob du versuchst, einen komplexen Begriff zu verstehen, Waffenwerte zu vergleichen oder deine Farmrouten zu optimieren, dieser Abschnitt ist deine erste Anlaufstelle.

Glossar der wichtigsten Begriffe und Mechanismen

Das Verständnis der Terminologie und der Mechanik von *Freedom Wars Remastered* ist entscheidend, um sich in der Komplexität zurechtzufinden. Hier ist ein umfassendes Glossar mit Begriffen, denen Sie häufig begegnen werden:

1. Schlüsselbegriffe

1. **Panoptikum**
    - Die dystopischen Stadtstaaten, in denen die Menschheit lebt. Jedes Panoptikum konkurriert um Ressourcen und Macht.
2. **Entführer**

- o Massive biomechanische Feinde, die Bürger gefangen nehmen. Sie zu besiegen ist ein zentraler Bestandteil der Missionen.

3. **Dorn**

- o Ein Mehrzweck-Greifwerkzeug, das für Kampf, Fortbewegung und Unterstützung verwendet wird. Es gibt sie in drei Arten: Binden, Heilen und Abschirmen.

4. **Strafreduktion**

- o Das primäre Fortschrittssystem. Die Spieler erfüllen Missionen und Ziele, um die Haftstrafe ihres Charakters von mehreren Millionen Jahren zu verkürzen.

5. **Berechtigungen**

- o Eine Form von Spielwährung, die durch Missionen verdient wird. Wird zum Basteln, Aufwerten und Reduzieren von Sätzen verwendet.

6. **Zubehör**

- o KI-Gefährten, die jedem Spieler zugewiesen sind. Accessoires helfen im Kampf, beim

Sammeln von Ressourcen und bei der Wiederbelebung gefallener Spieler.

7. **Mods**
    - Anpassungsgegenstände, die auf Waffen und Ausrüstung angewendet werden, um bestimmte Werte wie Schaden, Widerstand oder Mobilität zu verbessern.

2. Gameplay-Mechanik

1. **Fraktionssystem**
    - Die Spieler schließen sich einem bestimmten Panoptikum (Fraktion) an, was ihre Belohnungen, Missionen und Multiplayer-Dynamiken beeinflusst.

2. **Machend**
    - Der Prozess des Kombinierens von Materialien, um Waffen, Rüstungen und Gegenstände herzustellen oder zu verbessern.

3. **Bosskämpfe**

- Begegnungen mit mächtigen Entführern oder einzigartigen Feinden, die strategische Planung und Teamwork erfordern.

4. **Multiplayer-Modi**

    - Enthält Koop-Missionen für kollaboratives Spielen und PvP (Spieler gegen Spieler) für kompetitive Herausforderungen.

Referenz zu Waffen- und Ausrüstungswerten

Dieser Abschnitt bietet einen detaillierten Überblick über die Waffen- und Ausrüstungswerte und hilft dir, die beste Ausrüstung für deinen Spielstil auszuwählen.

1. **Waffen-Statistiken**

    1. **Schaden**

        - Bestimmt die Grundstärke deiner Angriffe. Höherer Schaden ist unerlässlich, um härtere Gegner zu besiegen.

    2. **Angriffsgeschwindigkeit**

        - Gibt an, wie schnell eine Waffe zuschlagen oder feuern kann. Schnellere Waffen sind ideal für die Massenkontrolle, während langsamere Waffen oft mehr Schaden pro Treffer verursachen.

3. **Genauigkeit**
    - Beeinflusst die Wahrscheinlichkeit, Ziele zu treffen, insbesondere aus der Ferne.

4. **Elementare Effekte**
    - Einige Waffen verursachen zusätzliche Schadensarten (Feuer, Eis, Elektrizität), die gegen bestimmte Feinde wirksam sind.

5. **Spezialfähigkeiten**
    - Einzigartige Eigenschaften, die die Leistung einer Waffe verbessern, wie z. B. durchdringende Rüstung oder erhöhte kritische Trefferquoten.

2. **Rüstungs-Statistiken**

    1. **Verteidigung**
        - Verringert den durch feindliche Angriffe erlittenen Schaden. Unverzichtbar, um Missionen mit hohem Schwierigkeitsgrad zu überleben.

2. **Mobilität**
    - Bestimmt, wie schnell sich dein Charakter bewegen und ausweichen kann. Leichtere Panzerung erhöht die Mobilität, opfert aber die Verteidigung.
3. **Elementare Resistenz**
    - Bietet Schutz vor bestimmten Elementarangriffen (Feuer, Eis, Elektrizität).
4. **Haltbarkeit**
    - Steht für die Langlebigkeit der Rüstung im Kampf. Panzerungen mit hoher Haltbarkeit müssen weniger häufig repariert werden.

3. **Zubehör-Statistiken**

    1. **Gesundheit und Ausdauer**
        - Verbessert die Überlebensfähigkeit und Ausdauer deines KI-Gefährten.
    2. **Rollenspezifische Erweiterungen**
        - Werte, die auf die ihnen zugewiesene Rolle zugeschnitten sind (z. B. Heiler, Schadensverursacher oder Verteidiger).

Kurzübersichten für Landwirtschaft, Handwerk und Missionen

1. Leitfaden für die Landwirtschaft

Material	Quelle	Empfohlene Mission/Gebiet
Metalle	Besiege gepanzerte Feinde	Mittelstufige Entführer-Missionen
Textilien	Ressourcenknoten auf Grasflächen	Frühe Nebenquests
Biologische Materialien	Organische Feinde und Umwelttropfen	Missionen mit niedrigstufigen Entführern
Seltene Komponenten	Missionen mit hohem Schwierigkeitsgrad und Elite-Feinde	Multiplayer-exklusive Missionen

2. Grundlagen des Handwerks

Handwerksgegenstand	Benötigte Materialien	Gebrauchen

Basis-Gesundheitspaket	Textilien + Biologische Materialien	Stellt die Gesundheit wieder her
Plasma-Gewehr	Metalle + Seltene Komponenten	Fernkampfwaffe mit hohem Schaden
Schwere Rüstung	Metalle + Textilien	Erhöht die Abwehr

3. Missionsziele und Belohnungen

Art der Mission	**Primäres Ziel**	**Wichtige Belohnungen**
Hauptstory-Missionen	Besiege Entführer und reduziere die Strafe	Große Strafreduzierung, Getriebe
Nebenquests	Rette Bürger oder sammle Ressourcen	Handwerksmaterialien, Überlieferungsteile
Multiplayer-Missionen	Koop-Ziele oder PvP-Matches	Seltene Gegenstände, Treuebelohnungen für Fraktionen

4. Schnelle Tipps für Missionen

1. **Bevor du eine Mission startest:**
   - Überprüfe deine Ausrüstung, um sicherzustellen, dass sie für die Missionsziele optimiert ist.
   - Bringt Verbrauchsmaterialien wie Gesundheitspakete und Dornen-Aufladekapseln mit.

2. **Während der Missionen:**
   - Nutze die Minikarte, um Ziele und Ressourcen zu finden.
   - Kommuniziere mit Teamkollegen im Mehrspielermodus, um Aufgaben effizient aufzuteilen.

3. **Nach Abschluss einer Mission:**
   - Überprüfen Sie Ihr Inventar auf neue Gegenstände und Ressourcen.

- Rüste deine Ausrüstung auf oder repariere sie, um dich auf die nächste Mission vorzubereiten.

Schlussfolgerung

Herzlichen Glückwunsch zum Abschluss dieses Guides für *Freedom Wars Remastered*! Inzwischen hast du dir die Werkzeuge, das Wissen und die Strategien angeeignet, um jeden Aspekt des Spiels zu meistern – von der Kampfmechanik bis zur Multiplayer-Dynamik, vom Ressourcenmanagement bis zur Aufdeckung verborgener Geheimnisse. Die Reise war intensiv, lohnend und vollgepackt mit Herausforderungen, und ihr seid jetzt bereit, sowohl Solo- als auch Online-Missionen zu meistern.

Abschließende Tipps zum Meistern von *Freedom Wars Remastered*

Wenn du deine Reise fortsetzt, solltest du diese letzten Tipps im Hinterkopf behalten, um sicherzustellen, dass du das Spiel in vollen Zügen genießen kannst:

1. Begrüßen Sie Anpassungsfähigkeit

- Die Welt von *Freedom Wars Remastered* ist dynamisch und bietet sich verändernde Herausforderungen und Chancen. Seid bereit, eure

Strategien, Ausrüstungen und Spielstile basierend auf Missionszielen und Gegnertypen anzupassen.

2. Meistere den Dorn

- Der Dorn ist nicht nur ein Werkzeug; Es ist ein Game-Changer. Üben Sie seine verschiedenen Anwendungen, von der Fixierung von Entführern über das Erklimmen von Höhen bis hin zur Unterstützung. Ein geschickter Thorn-Benutzer ist sowohl in Einzel- als auch in Multiplayer-Missionen von unschätzbarem Wert.

3. Zusammenarbeit im Mehrspielermodus

- Der Erfolg im Mehrspielermodus hängt von Teamwork und Kommunikation ab. Spielen Sie immer Ihre Stärken aus und stimmen Sie sich mit Ihrem Team ab. Ob in Koop-Missionen oder kompetitivem PvP, Synergie macht den Unterschied.

4. Optimieren Sie das Ressourcenmanagement

- Effizientes Farmen und Crafting spart dir unzählige Stunden. Konzentriere dich auf Missionen mit hochwertigen Belohnungen und verbessere deine Ausrüstung immer mit Bedacht. Vermeiden Sie es, die Ressourcen zu früh zu dünn auf mehrere Elemente zu verteilen.

5. Erkunden Sie jeden Winkel

- Verborgene Geheimnisse, seltene Ressourcen und Überlieferungsteile sind über die weitläufigen Karten des Spiels verstreut. Eine gründliche Erkundung verbessert nicht nur dein Verständnis der Spielwelt, sondern belohnt dich auch mit wertvollen Vermögenswerten.

6. Engagieren Sie sich in der Community

- Wenn du der *Freedom Wars-Community beitrittst*, erhältst du eine Fülle von Wissen und Unterstützung. Egal, ob Sie ein Problem beheben, nach Teamkollegen suchen oder Ihre Erfolge teilen, die Community ist eine unschätzbare Ressource.

7. Durchhalten bei Herausforderungen

- Einige Missionen und Bosse mögen sich überwältigend anfühlen, aber Beharrlichkeit ist der Schlüssel. Analysieren Sie, was schief gelaufen ist, optimieren Sie Ihren Ansatz und versuchen Sie es erneut. Jeder Sieg fühlt sich süßer an, wenn man ihn sich durch Entschlossenheit verdient hat.

Vielen Dank, dass Sie diesen Leitfaden verwendet haben: Feedback und Kontaktinformationen

Vielen Dank, dass Sie diesen Leitfaden als Ihren Begleiter in *Freedom Wars Remastered ausgewählt haben.* Dieser Leitfaden wurde mit größter Sorgfalt erstellt, um sicherzustellen, dass er den Bedürfnissen jedes Spielers gerecht wird – egal, ob du ein Neuling bist, der die Panoptika zum ersten Mal erkundet, oder ein erfahrener Veteran, der diesen neu gemasterten Klassiker erneut aufgreift.

Wir schätzen Ihr Feedback!

Euer Input hilft uns, uns zu verbessern und noch bessere Ressourcen für zukünftige Spiele zu schaffen. Wenn Sie Vorschläge oder Korrekturen haben oder einfach nur Ihre Erfahrungen mit diesem Leitfaden teilen möchten, können Sie sich gerne an uns wenden:

- **E-Mail:** support@gameguidesmaster.com
- **Webseite:** GameGuidesMaster.com
- **Social Media:** Folgen Sie uns auf Twitter und Instagram @GameGuidesMaster

Wir würden gerne hören, wie dieser Leitfaden Ihnen auf Ihrer Reise geholfen hat!

Was kommt als nächstes? Erkundung zukünftiger Updates und DLCs (falls zutreffend)

Wie viele Remastered-Spiele wird *sich auch Freedom Wars Remastered* mit Updates, Patches und neuen herunterladbaren Inhalten (DLCs) weiterentwickeln. Wenn du auf dem Laufenden bleibst und dich über zukünftige Entwicklungen interagierst, bleibt dein Gameplay frisch und spannend.

1. Mögliche Aktualisierungen

- **Fehlerbehebungen und Optimierungen:**
    - Entwickler können Patches veröffentlichen, um Leistungsprobleme oder die Gameplay-Balance zu beheben. Halten Sie Ihr Spiel auf dem neuesten Stand, um das beste Erlebnis zu haben.

- **Verbesserungen der Lebensqualität:**
    - Erwarten Sie Verbesserungen an Menüs, Steuerelementen oder Multiplayer-Funktionen, die auf dem Feedback der Community basieren.

2. Zukünftige DLCs

- **Neue Missionen und Herausforderungen:**
  - Zusätzliche Handlungsstränge, Entführertypen oder Missionspakete könnten die Spielwelt erweitern.
- **Waffen und Ausrüstung:**
  - DLCs führen oft einzigartige Waffen, Rüstungen und Anpassungsoptionen ein. Halten Sie Ausschau nach exklusiven Artikeln.
- **Events und Multiplayer-Inhalte:**
  - Zeitlich begrenzte Multiplayer-Events oder kompetitive Saisons können exklusive Belohnungen und Erfolge bieten.

3. Auf dem Laufenden bleiben

- Folgt der offiziellen *Freedom Wars Remastered-Website* und den Social-Media-Kanälen, um Ankündigungen zu erhalten.
- Treten Sie den Community-Foren oder Discord-Servern des Spiels bei, um zu den Ersten zu gehören, die von Updates erfahren.

Ein letztes Wort

Die dystopische Welt von *Freedom Wars Remastered* ist riesig, komplex und voller Möglichkeiten für Wachstum, Erkundung und Triumph. Egal, ob du deine Strafe von einer Mission nach der anderen reduzierst oder es mit einem Team von Verbündeten mit gewaltigen Feinden aufnimmst, jeder Schritt auf deiner Reise ist einzigartig lohnend.

Ihre Zeit, Ihr Engagement und Ihre Beharrlichkeit haben Sie weit gebracht, und diesem Führer wurde die Ehre zuteil, Teil Ihres Abenteuers zu sein. Die Herausforderungen, die du gemeistert hast, und die Siege, die du errungen hast, spiegeln deine Entschlossenheit und dein Können wider.

Denke daran, dass die wahre Freiheit in *Freedom Wars Remastered* nicht nur darin besteht, deine Strafe zu reduzieren, sondern das Spiel zu deinen Bedingungen zu meistern. Viel Glück und möge Ihre Reise durch die Panoptika eine Reise voller Ruhm, Entdeckung und unvergleichlichem Spaß sein. Viel Spaß beim Spielen!

www.ingramcontent.com/pod-product-compliance
Lightning Source LLC
Chambersburg PA
CBHW052259220526
45471CB00001B/410